聖地を歩く・食べる・遊ぶ

セドナ
Sedona
最新ガイド

Spitravel 編

Jitsugyo no Nihonsha

Welcome to SEDONA!

赤い岩の大地にパワーが宿る
聖地セドナへようこそ!

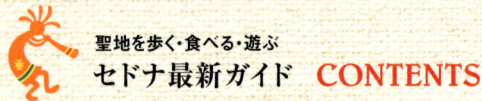

聖地を歩く・食べる・遊ぶ
セドナ最新ガイド CONTENTS

第1章　セドナを歩く

エアポートメサ …… 8
カセドラルロック …… 10
ベルロック …… 12
ボイントンキャニオン …… 14
チャペル・オブ・ザ・ホーリークロス …… 16
レッドロック・クロッシング …… 17
セブン・セイクリッド・プールズ／アミタバ・ストゥーパ＆ピースパーク …… 18
オーククリーク・キャニオン／モンテズマ・ウェル …… 19
セドナの達人が教える！ ボルテックスの歩き方 …… 20
● ボルテックスMAP …… 22
● ボルテックスへのアクセス …… 23
＜おすすめハイキングツアー Part 1＞ ボルテックスツアー …… 24
＜おすすめハイキングツアー Part 2＞ サンライズ・ハイキングツアー …… 26
＜おすすめハイキングツアー Part 3＞ ネイティブアメリカン遺跡ツアー …… 28
＜おすすめハイキングツアー Part 4＞ ボルテックス＆ハーブウオーク …… 30
＜おすすめハイキングツアー Part 5＞ サンセット・セレモニーツアー …… 32
Column 準備万端で安全なハイキングを …… 34

第2章　セドナで泊まる

厳選！ ラグジュアリーリゾート
エンチャントメント・リゾート …… 36
ル・オーベルジュ・ド・セドナ …… 40
アマーラリゾート＆スパ
ア・キンプトンホテル …… 44
ヒルトンセドナ・リゾート＆スパ …… 48

泊まりやすいおすすめホテル
スカイランチ・ロッジ …… 52
ベストウエスタン・プラス
アロヨロープリホテル＆クリークサイドヴィラ …… 54
オーチャーズ・イン …… 56
ベストウエスタン・プラス・イン・オブ・セドナ …… 57
アラベラホテル・セドナ …… 58
ポコ・ディアブロ・リゾート …… 59

セドナらしさを満喫！ こだわりの宿
ブライヤー・パッチ・イン …… 60
ジュニパイン・リゾート …… 64
アドビ・グランド・ヴィラズ …… 66
エル・ポータル・セドナ …… 68
アドビ・ヴィレッジ・グラハム・イン …… 70

Column
セドナの奥座敷で特別な休日 …… 72

第3章　セドナで食べる

- オアハカ・レストラン＆ルーフトップ・カンティーナ …… 74
- セドナ・ピザ・カンパニー …… 75
- カウボーイ・クラブ …… 76
- ル・オーベルジュ・レストラン・オン・オーククリーク …… 77
- タイ・パレス・アップタウン／ワイルドフラワー・ブレッドカンパニー …… 78
- メサグリル・アット・ザ・セドナエアポート／クリークサイド・セドナ …… 79
- オーククリーク・ブリュワリー＆グリル …… 80
- ザ・シークレット・ガーデン・カフェ／エル・リンコン・レストラン・メキシカーノ …… 81
- ザ・ハートライン・カフェ …… 82
- ショコラトリー・オーガニック・オアシス …… 83
- ダール＆ディルーカ・リストランテ・イタリアーノ …… 84
- セシュアン・レストラン＆マティーニ・バー …… 85
- ピサ・リサ／バーキング・フロッグ・グリル …… 86
- ゴールデン・グース・カフェ＆ビストロ／カフェ・ホセ・レストラン …… 87
- ハベリナ・カンティーナ／エローテ・カフェ …… 88
- ザ・グリル・アット・シャドーロック／ブルームーン・カフェ …… 89

> **体験レポート 1** 　ジェローム観光＆ワイナリーめぐり …… 90

> **Column** 　セドナで出合ったパンケーキ …… 92

第4章　スピリチュアル＆ヒーリング

- チャンダ・シュミット …… 94
- メアリー・モーニングスター …… 95
- クラウディア・グレンジャー …… 96
- パトリシア・フローレス …… 97
- ニルップ …… 98
- ミスティックツアーズ・ウィズ・ラヘリオ …… 99
- クレッグ・ジュンジュラス …… 100
- ディビオ＆ラーマ …… 101
- セドナズ・ニューデイ・スパ …… 102
- スパ・フォー・ユー …… 103
- アフターグロー・オブ・セドナ …… 104

> **体験レポート 2** 　大地のパワーを感じるヨガ＆ハイキング …… 105

> **Column** 　気軽に体験！ヨガクラス …… 106

第5章　セドナでショッピング

セドナのお土産いろいろ …… 108
ボディブリス・ファクトリーダイレクト …… 110
ジョー・ウィルコックス・インディアン・デン／セドナ・クリスタルボルテックス …… 111
ミスティカル・バザール／クリスタル・マジック …… 112
アートマート・ギャラリー／カチーナ・ハウス …… 113
メキシドーナ／ホールフーズ・マーケット・セドナ …… 114
ガーランズ・インディアン・ジュエリー／ホールズ・インディアン・ショップ …… 115
ターコイズ・トータス・ギャラリー／ヒルサイド・セドナ …… 116
テラカパキ・アーツ＆クラフツヴィレッジ …… 117

体験レポート3　心をリセットする「目的地のない列車の旅」…… 118

基本情報 …… 120
空港からセドナへ …… 122
セドナ市内の移動 …… 124
セドナタウンMAP …… 126

セドナってどんなところ？

アメリカ南西部のアリゾナ州にある標高1371m、人口約1万人の町。世界的に知られるパワースポットとして各国から多くのツーリストが訪れる。日本からセドナへの主な玄関口はアリゾナ州都のフェニックス。日本からの直行便はないので、ロサンゼルスなどで乗り継ぐ。成田空港からフェニックス・スカイハーバー空港までは、乗り継ぎ時間を入れて約13～14時間。フェニックスからはシャトルバスやレンタカーなどで約2～2.5時間。

第 1 章

セドナを歩く

鮮やかなターコイズブルーの空の下に広がる
セドナの赤い大地には、人生を変えるパワーが宿っている。
聖なる山をめざして、ハイキングにいざ出発！

聖なる山への誘い

太古よりネイティブアメリカンが敬い、
祈りをささげてきた聖地セドナ。
世界随一のパワースポットとして注目されるのは、
地球のエネルギーが渦巻く場所＝「ボルテックス」が
小さな町の中にたくさん存在しているから。
エアポートメサ、カセドラルロック、ベルロック、
そしてボイントンキャニオンの「四大ボルテックス」は、
とくにパワーが強いといわれる場所。
目の前に広がるレッドロックの世界を目にした瞬間、
きっと誰もが"何か"を感じるはず。
さあ、あなただけの奇跡を探しに出かけよう！

◆ 四大ボルテックスを歩く
エアポートメサ
AIRPORT MESA

セドナ中のボルテックスのエネルギーが流れ込む、最強のパワースポット。疲れたときはここを訪れるというヒーラーも多い。町中からのアクセスもよく、登りやすい。

頂上からは、ベルロック（上の写真奥）やカセドラルロック、サンダーマウンテンなど、セドナの代表的な山々が見渡せる

全身でセドナを感じる大パノラマ

　セドナの町の中心に位置し、最もアクセスのいいボルテックス。ふもとの小さなパーキングから10分ほど登れば、そこはもう非日常の世界！ レッドロックに囲まれたセドナを、360度見渡すことができる。ここでヨガや瞑想をしてみるのもセドナらしい体験。周辺には「エアポート・ループトレイル」（約5.8km）があり、2時間半ほどで町の全体像がわかるコースとなっている。

　周りのボルテックスを見渡すことができ、それらの異なるエネルギーを一気に吸収できる場所として、セドナの中でもひときわ強力なパワースポットとされる。大地から上ってくるエネルギーは、心身の疲れをとって、活力を与えてくれるとも。セドナ初日に訪れる場所としてもおすすめ。

訪れる時間によって表情を変える景色 サンセットは格別！

エアポートメサはサンライズとサンセットの人気スポット。レッドロックには多くの鉄分が含まれているが、ここはとくにその磁場が強いといわれており、太陽光を浴びると、岩肌の赤みがさらに増して神秘的な輝きを放つ。夕方は混雑しやすいので、時間に余裕をもって訪れ、雄大な大地に沈む夕日と、変化していく景色を存分に味わいたい。

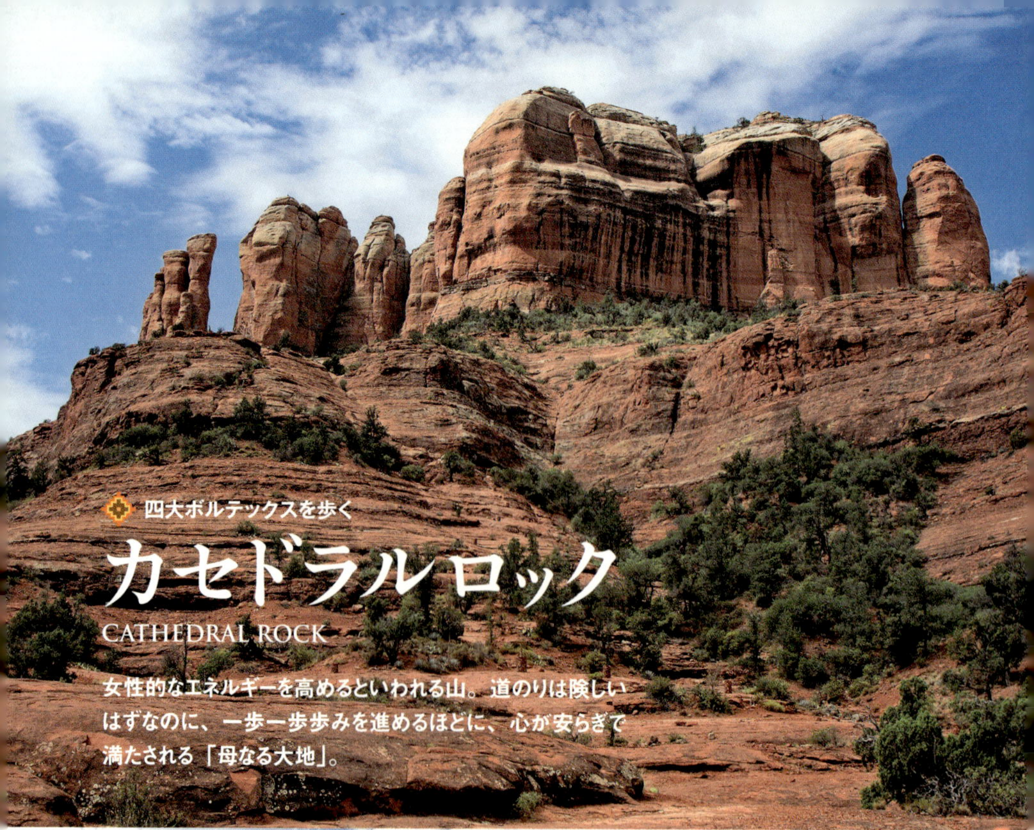

四大ボルテックスを歩く
カセドラルロック
CATHEDRAL ROCK

女性的なエネルギーを高めるといわれる山。道のりは険しいはずなのに、一歩一歩歩みを進めるほどに、心が安らぎで満たされる「母なる大地」。

ワイヤーで固められたレッドロックが目印。これを頼りに、ハイキングコースから外れないように気をつけて登ろう

終点までたどり着いた人にしか味わえない感動が待っている。足を踏みはずさないように注意して記念撮影を

大地の迫力に圧倒される神秘の山

　角度によってさまざまな形に見えるが、荘厳なたたずまいからその名がついたカセドラル（聖堂）ロック。受容や母性をサポートするといわれる女性性のエネルギーが流れ、そのパワーは上に行くほど強いとされる。

　ハイキングは、片道約1.1kmの「カセドラルロック・トレイル」が一般的。およそ1時間弱で登れるが、写真を撮ったり休憩をはさんだり、無理なく楽しんで登るには、往復2時間半〜3時間くらいみておくのがおすすめ。山頂の手前に、平らなレッドロックが広がった場所があり、ハイキングツアーのガイドがついてきてくれるのはここまで。実際の頂上まではガイドなしで登ることになる。

**サンダルNG！
リュック＆運動靴が基本
軍手や帽子もあるとお役立ち**

四大ボルテックスの中で登山難易度トップ。途中に急斜面があるので、しっかり準備をして臨みたい。滑りにくい運動靴は必需品。なるべく広く平らな場所を選びながら、ゆっくり登ろう。暗くなると危ないので、日暮れ前に引き返すこと。

もちろん飲み水も忘れずに！1時間あたり1リットルの水が基準。エナジーバーなどの非常食もあると安心

11

◆ 四大ボルテックスを歩く

ベルロック
BELL ROCK

釣り鐘のような、重ねたパンケーキのようなその不思議なフォルムは、どこにいても目を引く。ボルテックスの中でも独特の存在感を放つ、セドナの看板的な山。

小山に近づくまでは、広々としたレッドロックエリアがいくつもある。お気に入りの場所でのんびり

ベルロックの隣にはコートハウスビュートが。2つの山のエネルギーが流れ込むパワフルなボルテックス

最初に出迎えてくれる"セドナの玄関ベル"

　フェニックスから車でセドナに向かうと、最初に迎えてくれるのがベルロック。男性的なエネルギーが流れ、活力を与えてくれるボルテックスといわれる。

　実は、登ったものの、下りられなくなって救助されるツーリストが最も多い山でもあるので、上まで登るときは要注意！　ベルロックとコートハウスビュートを取り囲む6.9kmの「コートハウスビュート・ループトレイル」は高低差が少なく、歩きやすいトレイル。ベルロック周辺はたくさんのトレイルがつながっており、マウンテンバイクを使えば、このエリアからカセドラルロック方面やチャペル・オブ・ザ・ホーリークロス方面など、多くのスポットへ行くことができる。

ここに注目！　マウンテンバイクをレンタルしてボルテックスめぐり

ベルロック周辺の「ベルロック・パスウェイ」や「ビッグパーク・ループ」は初心者にも走りやすいコース。マウンテンバイクのレンタルやコースの相談は「アブソリュート・バイク」（P124）が便利。

◆ 四大ボルテックスを歩く

ボイントンキャニオン
BOYNTON CANYON

ネイティブアメリカンの遺跡が92カ所も残る、
セドナの中でもひときわ神聖な場所。
守られ続けてきた古(いにしえ)の記憶に思いをはせたい。

赤岩の壁と木々に囲まれた谷。
厳粛さと包み込まれるような
あたたかさを感じる

左がウォリアーで、右がカチーナウーマン。カチーナとはホピ族の神様のこと。2つの岩は向かい合っている

ネイティブアメリカンの神様が守る谷

　古来ネイティブアメリカンが、人類発祥の地として崇めたボイントンキャニオン。この聖なる地を見守るように立つのが、女性性を司るとされるカチーナウーマン・ロック。その向かいに男性性を司る岩のウォリアー（戦士）が立つ。そのため、女性性と男性性、両方のエネルギーが渦巻く、とくにパワーの強いボルテックスといわれる。2つの岩のふもとからはカセドラルロックやベルロックも見える。
「ボイントンキャニオン・トレイル」は、一番奥まで行くと片道約6km、往復3時間のコース。カチーナウーマンの近くへ行くなら、途中の分岐点で「ボイント・ビスタ・トレイル」へ。こちらは片道約1km、往復1時間ほどのお手軽コース。

ここに注目！　カチーナウーマンが目的地なら「ビスタ・トレイル」へ

カチーナウーマンへのふもとへと続く「ボイントン・ビスタ・トレイル」への分岐点には、写真の看板が立っている。トレイルヘッドから徒歩7分ほどで見えてくるので、お見逃しなく！

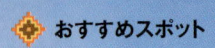 おすすめスポット

チャペル・オブ・ザ・ホーリークロス
CHAPEL OF THE HOLY CROSS

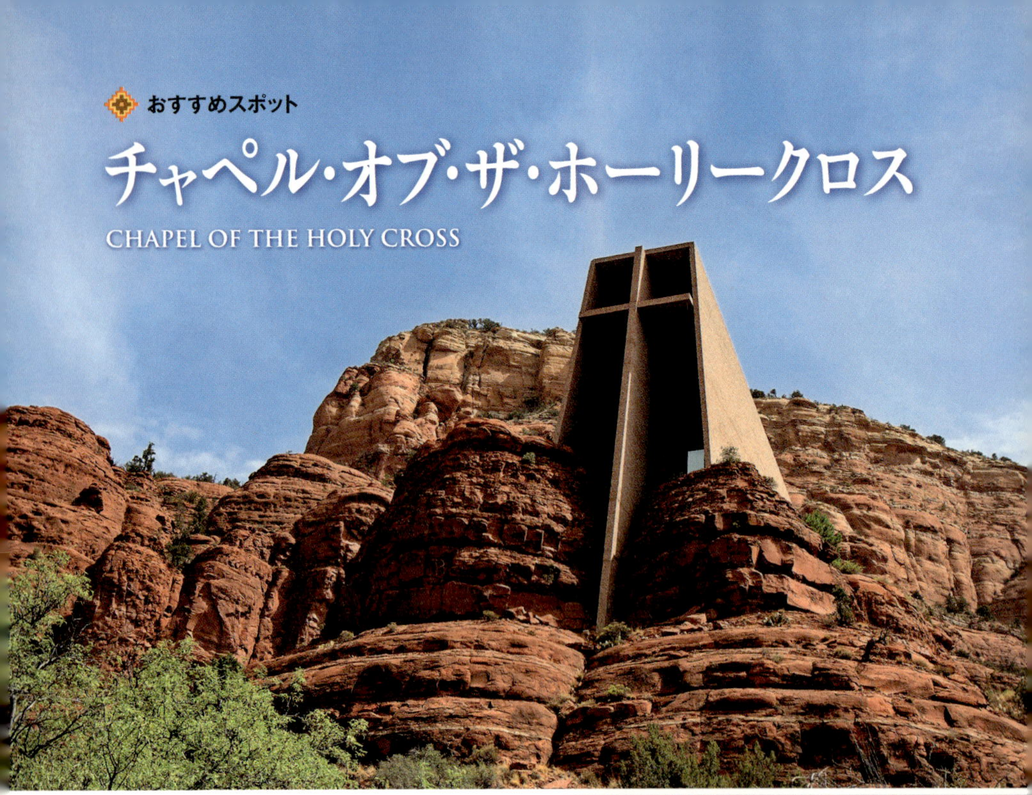

慈愛の山に立つ教会
景色も最高！

　ベルロックやカセドラルロックを望む、絶景の山上に立つモダンな教会。十字架の支柱は、中から見ると大きな窓枠になっており、そこから見るセドナの風景が神秘的。母が赤子を抱えているような形をしたマドンナ＆チャイルド・ロックに見守られるように立っており、この空間全体が、愛する心や優しい感情をサポートしてくれるといわれる。地下のショップには天使や教会をモチーフにしたかわいいお土産が。

窓からあたたかい光が差し込む礼拝堂。祈りのキャンドルが並ぶ。信仰に関係なく落ち着く空間

http://www.chapeloftheholycross.com/
●ギフトショップの営業時間　月〜土曜 9:00〜17:00、日曜 10:00〜17:00

◆ おすすめスポット

レッドロック・クロッシング
RED ROCK CROSSING

癒しと浄化の気に包まれる
一番人気の景色

　セドナのアイコン的風景が見られる人気スポット。オーククリークの流れの向こうにそびえ立つカセドラルロックは、絵はがきなどでもよく目にする景色。ここから眺める夕暮れどきのカセドラルロックは、忘れられない美しさ。優しく幸福なエネルギーが流れる縁起のいい場所として、地元の人たちからも愛されていて、結婚式もよく行われる。クレッセントムーン公園入り口のゲートから舗装された歩道を歩いて10分ほど。夏場は、川遊びやピクニックを楽しむ家族連れでにぎわう。

浄化の力があるとされるオーククリーク。パワーストーンを洗うとピカピカに輝く

🔶 おすすめスポット

セブン・セイクリッド・プールズ
SEVEN SACRED POOLS

チャクラを表す7つの池

　乾燥した赤土のくぼみに7つの池が自然に生まれた奇跡的な場所として、古くからネイティブアメリカンが崇めてきた。この池の間を歩くと、7つのチャクラバランスが整うといわれる。歩くだけで執着を手放せるというソルジャー・パス・トレイル沿いにある。近くにあるデビルズキッチンという大きな穴も不要なものを手放す助けをしてくれる場所。

🔶 おすすめスポット

アミタバ・ストゥーパ＆ピースパーク
AMITABHA STUPA & PEACE PARK

愛あふれる祈りの聖地

　チベット仏教の仏塔がジュニパーの木々とレッドロックに囲まれた場所に鎮座。2004年に建てられて以来、祈りと瞑想の場として多くの人が集まる。セドナで最も新しいボルテックスともいわれる。塔の周りを時計回りに3回、祈りながらゆっくり歩く。アンダンテ・ドライブからプエブロ・ドライブへ左折して、徒歩約5分。入園無料だが、気持ちで寄付を。

ネイティブアメリカンのメディスンホイールも。東西南北4つの方角で祈りをささげ、最後に中央で祈る

http://www.tara.org/stupas/amitabha-stupa-and-peace-park/

🔶 おすすめスポット

オーククリーク・キャニオン
OAK CREEK CANYON

妖精が棲む癒しの渓谷

アップタウンから北へ車で15分ほど、オーククリークのほとりにぽつぽつとレストランやコテージが並ぶ、セドナの奥座敷的なエリア。静かでマイナスイオンたっぷり！ レッドロックや砂漠を見慣れると、ここの緑や水の潤いにほっとする。オーククリークの清流は悲しみやストレスを癒すとされ、妖精が棲んでいるともいわれる。

🔶 おすすめスポット

モンテズマ・ウェル
MONTEZUMA WELL

砂漠に現れた聖なる井戸

ウエストセドナから89Aを西へ車で約40分のところにある。ネイティブアメリカンのシャーマンたちがセレモニーを行った、エメラルド色の聖なる湖。天然の井戸のように石灰水が豊富にわき出し、現在も儀式のために水をくみに来ることがあるという。ネイティブアメリカンの壁画や居住跡も残っている。浄化作用のある川も流れ、まさに砂漠の中のオアシスだ。

湖のほとりは瞑想スポットとしても知られる。正式にはモンテズマ・キャッスル国定公園に属しているが、実際にはそこから11マイル（約17㎞）離れたところにある

http://www.nps.gov/moca/montezuma-well.htm

◆ セドナの達人が教える!
ボルテックスの歩き方

目には見えないボルテックスのエネルギー。場所によってどんな違いがあって、どんなふうに歩いたらそのパワーを感じとることができるのだろう。セドナのエキスパート3人が、それぞれの視点から、ボルテックスを何倍も楽しむヒントをくれた。

「ボルテックスのエネルギーには〈上昇(アップフロー)〉と〈流入(インフロー)〉があります。〈上昇〉は、宇宙や神的なものとの一体感をもたらし、新しい発見や体に活力を与えます。一方〈流入〉は、心に入って過去のつらい経験や悲しい感情を流してくれます。エアポートメサとベルロックは〈上昇〉、レッドロック・クロッシングは〈流入〉、その両方が流れているのがボイントンキャニオンとカセドラルロックです。一気に複数のボルテックスを回るのは疲れるだけ。目的に応じて行く場所を選んで、そこで意識的にゆっくり過ごすことが大切です」(ピートさん)

「セドナはレッドロックの内にある特別な町。そのエネルギーは見えませんが、植物や岩を通してその姿を現してくれます。たとえばねじれてい

ハイキングトレイルの駐車場を利用する際は、レッドロックパスというチケットを購入。1日$5、1週間$15

🔶 お話をうかがった人

ピート・サンダースさん
マサチューセッツ工科大学卒。バイオメディカルの専門家で、科学的な視点からボルテックスを研究している。代表を務める「フリー・ソウル」ではボルテックスの勉強会や解説ツアーを開催。

バーバラ・マツウラさん
ガイドを務める「アルケミー・ヒーリングアーツ」のスピリチュアルなツアーが人気。気功マスターで、禅やレイキをとり入れたヒーラーとしても活躍。ニューヨーク出身の元ダンサーで、日本にも長く滞在。

佐渡祥子さん
北アリゾナ大学を卒業後、2002年よりセドナ商工会議所観光局に観光開発マネジャーとして勤務。世界各地からのお客様とセドナとの懸け橋役を務める。キャンプやハイキングの達人でもある。

る木。時計回りにねじれている木は、そこに天からエネルギーが流れている証。逆に反時計回りは、大地からエネルギーがわき上がっている場所です。ハート形の石やサボテンは愛のメッセージ。ぜひ心の目も開いてセドナを歩いてくださいね」(バーバラさん)

「小さなエリアにボルテックスが集中しているセドナは、ある意味、町全体がボルテックス。同じ人でも、状況や心境によって気に入るボルテックスは変わるといわれます。四大ボルテックスに限らず、どんな人でもセドナのどこかに、ここが心地いいと感じる場所が見つかるはず。その場所こそが、そのときのその人にとってのボルテックスなのではないかと思っています。"私のボルテックス"で自分を見つめる時間を持ち、大切な何かを見つけてください」(佐渡さん)

●セドナ商工会議所観光局ホームページ (日本語) http://visitsedona.com/japanese/

ボルテックスへのアクセス

アップタウンの交差点 The Y（ザ・ワイ）から、本書で紹介した主なボルテックスまでの車での所要時間と道順を案内。

エアポートメサ (P8～9)

ザ・ワイから車で約7分。89Aを西へ進み、エアポート・ロードへと左折。坂道を上っていくと、左手にパーキングがある。エアポート・ロードを上りきるとセドナ空港があり、その手前の展望台からの景色も素晴らしい。

カセドラルロック (P10～11)

ザ・ワイから車で約15分。179号線を南下して、バック・オー・ビヨンド・ロードを右折すると、左手にパーキングと、「カセドラルロック・トレイル」のトレイルヘッド（ハイキングコースの出発点）がある。ただし、ガイド付きのハイキングツアーでは、ヴェルデバレースクール・ロードからアクセスする「ボールドウィン・トレイル」から「テンプルトン・トレイル」を経由して、カセドラルロックに登るというコースをとる。

ベルロック (P12～13)

ザ・ワイから車で約20分。179号線を南へ下っていくと、ベルロックが左手に見えてくる。トレイルヘッドは「シーニック・ビューポイント」と「ベルロック・ビスタ&パスウェイ」の2カ所で、いずれもパーキングがある。

ボイントンキャニオン (P14～15)

ザ・ワイから車で約25分。89Aを西へ進み、ドライクリーク・ロードへと右折。突き当たりを左折してボイントンパス・ロードに入り、T字路を右折してすぐ右手にパーキングが。

チャペル・オブ・ザ・ホーリークロス (P16)

ザ・ワイから車で約10分。179号線を南へ下り、チャペル・ロードへと左折して坂道を上っていくと、教会のパーキングに出る。

レッドロック・クロッシング (P17)

ザ・ワイから車で約20分。89Aを西へ進み、アッパー・レッドロック・ループロードへと左折。さらにチャベズ・ランチ・ロードへと左折後、レッドロック・クロッシング・ロードへ右折して道なりに行くと、クレッセントムーン公園のゲートに着く。

おすすめハイキングツアー Part 1

人気ヒーラーさんと行くボルテックスツアー

聖地セドナのパワーと魅力を200％満喫できるのがヒーラーをガイドにしたボルテックスツアーだ。スピリチュアル上級者はもちろんのこと、「ボルテックスの感じ方を教えてほしい！」というビギナーにもおすすめ。

> ヒーラーならではの案内をします！

> 私にはどんなエネルギーが必要ですか？気になることを質問攻め！

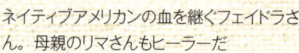

ネイティブアメリカンの血を継ぐフェイドラさん。母親のリマさんもヒーラーだ

ボルテックスだけでなく、セドナの魅力やパワーストーンについても教えてくれる

> 自分にぴったりのボルテックスやヒーリング方法がわかる！

第1章　セドナを歩く

レッドロックに触れると音と振動が！ 地球のエネルギーを体感

ベルロックとコートハウスビュートは、思考をクリアにして正しい判断力を与えてくれる場所。大地と自分の内なる声に耳を傾けて」

　セドナではたくさんのボルテックスツアーが行われているが、中でもおすすめなのがヒーラーと一緒に行くツアー。クリスタルショップ「ミスティカル・バザール」（P112）では、所属のヒーラーがボルテックスを案内し、そこで心や体を整えるセッションを行う「シークレット・ヒーリング・ジャーニー」を開催している。

　写真はヒーラーのフェイドラさんにベルロックを案内してもらっている様子。歩きながら、ボルテックスのエネルギーやその感じ方を解説してくれる。エネルギーの通り道に着くと、3つのパワーストーンを渡された。事前に相談した悩みに合わせて選ばれたこれらの石に、ベルロックとその隣のコートハウスビュートから流れるパワーを注入。自分のためにチューニングされた石は、最高のお守りになる。

　その人の目的や状態に応じて、行くボルテックスやセッションの内容をアレンジしてくれるのが心強い。

＜問い合わせ先＞
ミスティカル・バザール　Mystical Bazaar
電話 (928) 204-5819　Eメール info@mysticalbazaar.com　http://www.mysticalbazaar.com/

※内容は担当するヒーラーによって異なります

> おすすめ
> ハイキングツアー
> Part 2

セドナのご来光に感動！
サンライズ・ハイキングツアー

セドナに来たからにはぜひ体験したいのが、大スケール＆大感動のサンライズ・ハイキング。ボルテックスのかなたから昇ってくる朝日を浴びて、最高のパワーチャージ！

> 早起きして
> 登る価値あり！

> 心と体にエネルギーが
> 満ちてくる！
> なんだかいいことありそう♪

今回の取材に同行していただいたベテランガイドのケビンさん

澄んだ空気と
ジュニパーの香りで気分爽快

眠気も疲れも吹き飛ぶ景色。「セドナに来てよかった〜！」と心から思う瞬間

チューニングベル初体験！
やさしい音色が
体の芯に響いて癒される〜

ご来光の前後にセレモニーを体験。セージの煙と、大地に祈りをささげるネイティブアメリカン・フルートの音色に包まれ、神聖な気持ちに。朝日を浴びながらチューニングの音叉(おんさ)を響かせて、心身のバランスを整える

　まだ辺りが暗い午前4時、ホテルに迎えの車が到着。道中、窓の外にハベリナの親子を発見！　野生動物に遭遇する確率が高いのも、早朝ツアーならでは。

　目的地のドゥメサは、ツーリストにはあまり知られていないが、景色がよく登りやすい山として、地元では知る人ぞ知る場所だとか。片道約40分の登山は途中、手を使って登るような場所が何カ所かあるものの、景色やおしゃべりを楽しみながら歩いているとあっという間。ビューポイントに着き、いよいよレッドロックのかなたから朝日が！　その壮大な美しさに思わず息をのむ。山頂からは朝日に照らされて神秘的に輝く四大ボルテックスも見える。そこで振る舞われたオーガニックコーヒーが、朝にぴったりのすっきりとした味わいで格別においしい！

　アメリカ・トラベル・ファクトリーのツアーは、日本人ガイドも同行するので、英語が苦手な人でも安心。

すがすがしい空気の中で
オーガニックコーヒーの
サービスがうれしい

＜問い合わせ先＞
アメリカ・トラベル・ファクトリー　America Travel Factory LLC
Eメール sedona.hike@americatravelfactory.com　http://www.america-travel-factory.com/

※内容はガイドさんによって異なります。フルート演奏を希望する場合は事前に確認を

> おすすめ
> ハイキングツアー
> **Part 3**

名物ピンクジープで行く
ネイティブアメリカン遺跡ツアー

セドナの町を行きかうピンク色のジープ。絶景のボルテックスや遺跡を訪ねたり、急な坂道のアップダウンを楽しむ冒険ツアーなど、ファミリーにも大人気のアクティビティーだ。

> デコボコ道も
> 怖がらないでネ!

> 国が管理している
> 貴重な遺跡。
> どうぞ保護に協力を!

大自然の中をジープで走り抜けるのは最高! 安全運転だから安心

> 物知りガイドさんの
> 説明を聞きながら
> てくてく歩きます

ホナーキ遺跡はココニーノ国立森林公園の一部。ピンクジープツアーは公式ツアーに認定されている

ジープを降りたら、遺跡のある場所まで20分ほどハイキング。飲み水を忘れずに!

> ほら、あそこにも絵が！
> 狩りをする人や
> コヨーテもいますね

シナワ族の住居跡。崖のいたるところに太陽や人間、手形、動物などが描かれていて、ガイドさんがそれぞれの意味を教えてくれる

　アップタウンのパーキングから、ピンクのジープが一斉に出発。風をきって走るジープの旅は心を開放して、乗り合わせた見知らぬ人たちともすぐに仲良くなってしまう。さまざまなツアーがある中で、今回参加したのはネイティブアメリカンの遺跡を訪ねる「エンシェント・ルーイン・ツアー（Ancient Ruin Tour）」。セドナの町の北西にあるホナーキ遺跡には、紀元1300年頃のシナワ族の住居跡があり、たくさんの壁画が描かれている。ドライバー兼ガイドさんは、とてもフレンドリーで博識、当時の生活についてジェスチャーを交えながら楽しく解説してくれる。灼熱の太陽の下でも、遺跡の中だけはヒンヤリと涼しく、タイムスリップしたような不思議な感覚を味わえる、往復3時間の小旅行だ。

＜問い合わせ先＞
ピンクジープツアーズ　Pink Jeep Tours
電話 (800) 873-3286　Eメール info@pinkjeep.com　https://www.pinkjeeptourssedona.com/

29

おすすめ ハイキングツアー Part 4
ハーブの専門家が案内する ボルテックス&ハーブウオーク

ボルテックスの中でもとりわけ聖域とされてきたボイントンキャニオン。ガイドをするには特別な許可証が必要だが、ハーブ研究家のフェザーさんはそれを持つ一人。谷の奥にあるネイティブアメリカンの遺跡までハイキングしながら、砂漠の植物についてレクチャーしてくれる。遺跡の洞窟ではネイティブアメリカンの儀式と、心癒されるフルートの演奏も！

聖なる谷はまさにハーブの宝庫！

砂漠の植物たちって生命力が強いからパワーをもらえるわ

ジュニパーやセージなどの植物だけでなく、クリスタルや地質学にも詳しいフェザーさん

浄化などに使われる植物はとてもいい匂い

> 洞窟まであと少し！
> 急な斜面もあるから
> ここでひと休み♪

目的地の洞窟まで、往復約3時間のハイキングツアー。斜面で手をつくこともあるので、軍手がお役立ちです

```
＜問い合わせ先＞
フェザー・ジョーンズ
（キャニオンスピリット・ボタニカルベンチャーズ）
Feather Jones,
Canyon Spirit Botanical Ventures, LLC
電話 (303) 709-0838
Eメール Feather@Sedonateablends.com
http://www.canyonspiritventures.com/
```

セドナのお土産に！
セドナティーブレンド

フェザーさんがボルテックスのエネルギーとセドナに自生する植物のフラワーエッセンスをブレンドしたオーガニックハーブティー。ベルロック、カセドラルロック、セドナサンセット（エアポートメサ）の3種。全種入りのサンプルセットも。ホールフーズ（P114）などで買える。

31

> おすすめ
> ハイキングツアー
> **Part 5**

セドナらしい儀式も体験!
サンセット・セレモニーツアー

「最高の夕焼けと儀式に案内します」

レッドロック越しに、朱色から紫へのグラデーションで染まっていく空。こんな幻想的な情景の中、浄化と平和の儀式に癒されて、一日を終える……。まさにセドナならではのヒーリング・アクティビティーだ。

思い出すだけで心癒される、セドナの夕暮れの空とレッドロック

「大地や植物をよく観察して、地球のエネルギーを感じてネ!」

第1章 セドナを歩く

> 周りの自然や人に感謝して…平和の祈りをささげます

羽は風、セージは土のエネルギーで浄化。穏やかで神聖な時間♪

バーバラさんの優しい声と癒しの儀式は、一日の終わりにぴったり

羽とセージスプレーで気を清め、瞑想する。ネイティブアメリカンの伝統に禅や気功をとり入れたオリジナルのセレモニー

　美しい夕日とそれに照らされる雄大なレッドロック。せっかくセドナに来たなら、一度は見てみたい憧れの光景だろう。しかし、さえぎるものが何もない静かな場所で、もちろん時間もぴったり合わせて……となると、ツーリストにはなかなか難しいのも事実だ。とくにサンセットは、少し計画がずれると辺りが真っ暗になってしまうので、ガイドつきのツアーが安心でおすすめ。

　バーバラ・マツウラさんが案内するサンセットは、ボルテックスで美しい夕日に包まれながら、瞑想や、心を穏やかにするセレモニーを体験する。「セドナでは、いつも周りの山々や空を見上げるから、気持ちが上向きになって心もオープンになるの。とくに夕方は静かになるので、大地の声も聞こえやすくなるでしょう？　足元の土をソフトに感じたら、心もソフトになっているサイン」とバーバラさん。空の色が変わりだし、一日を感謝の気持ちで終える儀式が始まる。理屈ではなく、心でセドナの神秘を実感できるツアーだ。

＜問い合わせ先＞
バーバラ・マツウラ（アルケミー・ヒーリングアーツ）Barbara Matsuura, Alchemy Healing Arts, LLC
電話（928）554-4042　Eメール integratedhealingarts@yahoo.com
http://www.barbaramatsuuranaturalhealing.com/

※内容は参加する人や天候によって異なります

Columun

準備万端で
安全なハイキングを

聖なる大地でのパワーチャージは自分の足で歩いてこそ。整備されたトレイルが多いセドナだが油断は禁物！ しっかり準備を整えて、安全に楽しく大自然を満喫しよう。

ボルテックス登山の際はもちろんのこと、平坦(へいたん)に見える場所でも、サボテンなどの植物のトゲが落ちていたり、乾燥した砂で滑りやすくなっていたりするので、ハイキング用の靴は必須。途中は日陰が少なく、水飲み場もないので熱中症対策は入念に。

持ち物チェックリスト

- ☐ ハイキング用の運動靴（パンプス、サンダル、ミュールなどはNG）
- ☐ バックパック（両手が使えたほうが安全なので、手に持つバッグはおすすめしない）
- ☐ 日よけの帽子やサングラス（とくに夏はかなり日差しが強くなる）
- ☐ 軍手（地面に手をついて登ったりするときに大活躍！）
- ☐ 飲み水（ハイキング1時間あたり最低1リットルの水が基準）
- ☐ 非常食（エナジーバーやキャンディーなど）
- ☐ タオル、ティッシュペーパー、ウエットティッシュ
- ☐ 地図やガイドブック、懐中電灯

困ったときは現地調達！
ザ・ハイクハウス　The Hike House

ハイキングに必要なものがなんでもそろうお店。おしゃれで本格的なシューズやウエアが日本よりお安く手に入る。オーナーのグレッグさんが相談にのってくれるので初心者も安心。体力や所要時間に応じてコンピューターがおすすめのコースを選んでくれるサービスも！ 併設のカフェではヘルシーなスムージーや、ハイキング用の携帯スナックも販売。

Data
住　所　431 SR 179 #B-1, Sedona, AZ 86336
電　話　(928) 282-5820
Ｕ Ｒ Ｌ　http://www.thehikehouse.com/
営　業　9:00 ～ 18:00（日曜は ～ 17:00）
※季節によって営業時間が多少変わるので要確認

第 2 章
セドナで泊まる

大自然を満喫できるリゾートから隠れ家ホテルまで
セドナには、泊まるだけで癒される魅力的な宿がいっぱい！
朝食が自慢の高級B&Bにもぜひ泊まってみたい

厳選！ラグジュアリーリゾート

エンチャントメント・リゾート
ENCHANTMENT RESORT

ボイントンキャニオン エリア　MAP Ⓐ

Data
住　所　525 Boynton Canyon Road, Sedona, AZ 86336
電　話　(928) 282-2900 / Toll Free (800) 826-4180
ＵＲＬ　http://www.enchantmentresort.com/
Ｅメール　info@enchantmentresort.com
料　金　ジュニアスイート$300〜
客室数　218室

有名なカチーナウーマンが目の前。ゲスト専用のゲートから徒歩でアクセスできる。客室はコテージ風でバスルームも広々

Restaurant

季節に合わせて変わるシェフこだわりのメニューと絶景が堪能できる。レストランだけでも訪れる価値あり

(1) リゾート内にレストランは3つ。夜はドレスコードありの「チェ・ア・チ」、カジュアルダイニング「ティ・ガーボ」、半屋外で開放的な「ビュー180」。いずれもレッドロックのパノラマを望む抜群のロケーション (2) メニューは地域の食材にメキシカンテイストを加えた南西部アメリカ料理が中心。ローカルワインやビールとともに味わおう

ボイントンキャニオンに見守られるようにたたずむ、世界のセレブ御用達のヒーリングリゾート。どこにいてもレッドロックや緑が目に入るので、優雅な安らぎがある。ネイティブアメリカンにまつわるセレモニーや、ヨガクラス、ハイキングツアーなど、アクティビティーも充実。ホテルスタッフはとてもフレンドリーで親切だ。レストランや宿泊客専用のスパも超一級で、いつまでも滞在していたくなる。

グラスに映りこむレッドロック。ワインバーではテイスティング会も

Spa

(1)スパ「ミ・アーモ」は、世界中のセレブに愛される極上の癒し空間。室内プールのそばには暖炉が。屋外プールでは雄大な自然と一体になるような感覚が味わえる。サウナやフィットネス、エステのほかに、カフェやショップも併設 (2)クリスタルドームでは、ネイティブアメリカンのセレモニーを体験できる (3)ハーブティーが楽しめる休憩スペース

(1)スパ内のショップにはヨガウエアやアクセサリーなどハイセンスなアイテムがずらり (2)ハーブを使ったナチュラルコスメやキャンドル、お茶などの上質な癒し系グッズもぜひチェック!

Shop

38

（1）自家栽培の新鮮な野菜やハーブがふんだんに使われたオーガニックメニューがそろう「ミ・アーモカフェ」。レッドロックを望むテラス席も（2）ウチワサボテンのシロップが入ったスムージー（3）ハウスメイドのグラノーラ（4）パンは9種の穀物、天然酵母、グルテンフリー、ライ麦から選べる（5）オリジナルブレンドの紅茶は「カチーナ・ムーン」や「セドナ・サン」などネーミングも素敵

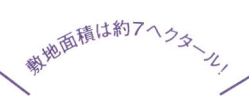

敷地面積は約7ヘクタール！

広〜い敷地内はカートで移動

客室やスパなどの各施設は、広大なリゾート内に点在している。とくに暗くなってからは迷いやすいので、カートでの移動がおすすめ。ホテルスタッフに頼めばすぐに呼んでくれるが、あらかじめ場所と時間を指定して頼んでおくという方法も。

39

厳選！ラグジュアリーリゾート

ル・オーベルジュ・ド・セドナ

L'AUBERGE DE SEDONA

アップタウン エリア　MAP Ⓑ

Data
住　所　301 L'Auberge Lane, Sedona, AZ 86336
電　話　(928) 282-1661 / Toll Free (888) 387-4853
U R L　http://www.lauberge.com/
Eメール　info@lauberge.com
料　金　$195〜（滞在中のチップは料金に含まれています）
客室数　87室

ヨーロッパ風の上品なインテリアが優雅な気分を高める。お茶を淹れてテラスで森林浴。贅沢な大人の休日を満喫できる宿だ

目の前を流れるオーククリーク。ホテルのシンボルでもあるカモたちが遊んでいる。エサやりのイベントも

（左）手入れの行き届いた花々が彩るアプローチ。その先にフロントがある（上）たっぷり散策したあとは、川べりの「レストラン・オン・オーククリーク」（P77）で舌鼓。おなじみのクロックムッシュもこちらのシェフの腕にかかれば味も見た目もこんな芸術的なひと皿に

　アップタウンのオーククリーク沿い、レッドロックと緑に囲まれるように存在する、知る人ぞ知る高級リゾート。マイナスイオンたっぷりの林の中にコテージやレストランがゆったりと並ぶ。広々とした客室は、格調高いクラシックな家具でまとめられ、落ち着いた雰囲気。ベッドやバスタブも大きく、のびのびと過ごせる。スタッフの心遣いも細やかで、いたれりつくせり。滞在中のチップはすべて宿泊費に含まれているので、そのつどチップを払わなくてよいのも、日本人にはうれしいシステムだ。

41

Spa

水辺で受けるマッサージは至福のひととき。川のせせらぎを聞きながらセラピストに身をゆだねていると、心身のコリがほぐれていく。地元アリゾナの植物を配合したオリジナルのオイルやクリームが使われている

世界でたった1つの
オリジナルスクラブで
お肌ツルツル♪

（1）スパでは、目の前でカスタムメイドのソークやスクラブを作ってもらえる。好みの香りや肌のタイプを相談して、ハーブやエッセンスを選ぶ （2）施術やコスメに使うフラワーエッセンスを作っているところ。花のエネルギーを太陽の光を通して水に転写する （3）敷地内で育ったジュニパーやローズマリーなど、摘みたてのハーブがたっぷり入る

42

優しい木漏れ日が差し込むロッジでは、朝8時半から無料でモーニングヨガのクラスが。インストラクターがスプレーで空間を浄化してから、瞑想やヨガストレッチを行う

第 2 章 ─ セドナで泊まる

朝6時半からロビー近くのバーエリアで焼きたてスコーンやマフィン、コーヒー、紅茶、ホットチョコレートのサービスが。朝食に利用するゲストも多い

クリークサイドの癒し

食事もアクティビティーも素晴らしいが、クリークサイドで過ごすなにげないひとときこそ一番の贅沢かもしれない。水辺のウッドチェアでのんびりしていると、静かに流れる川音や漂うジュニパーの香りが癒しの世界へと誘ってくれる。より存分に水の癒しを感じたいなら、「クリークサイド・コテージ」でのステイを選ぶのがおすすめ。

厳選！ラグジュアリーリゾート

アマーラ リゾート＆スパ
ア・キンプトンホテル
AMARA RESORT & SPA, A KIMPTON HOTEL

アップタウン エリア　MAP Ⓒ

Data

住　所	100 Amara Lane, Sedona, AZ 86336
電　話	(928) 282-4828 / Toll Free (800) 815-6152
Ｕ Ｒ Ｌ	http://www.amararesort.com/
Eメール	info@amararesort.com
料　金	$169～
客室数	100室

プール越しにレッドロックを望むパティオ。客室は都会的なセンスを感じさせるモダンなデザイン

第 2 章 セドナで泊まる

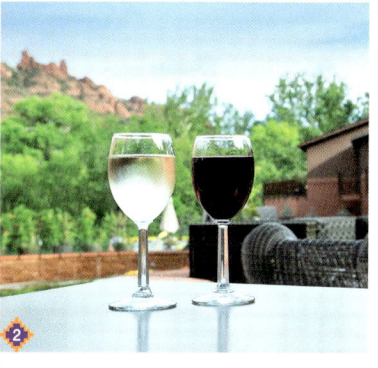

（1）サウスウエスタンの郷土料理をベースにした創作料理を味わえるレストラン&バー。開放的でカジュアルな雰囲気で、女性ひとりでも安心して利用できる（2）真正面にレッドロックを眺めるテラス席。夜になるとファイヤーピットに火がたかれて、昼間とはまた違ったムードが演出される。月明かりに照らされたレッドロックを見つめながら、ワインを味わう、そんな楽しみ方もできる場所

夕方5時からロビーでワインのテイスティング会が。ジュースやオードブルも並ぶ

　　2012年の改修工事後、さらにスタイリッシュに進化したリゾートホテル。ロビーや客室などいたるところにモダンアートが飾られており、ギャラリーのような雰囲気がある。無料で参加できるモーニングヨガやワインレセプション、フィットネスなど、魅力的なサービスがたくさん。スパでは砂漠のハーブをとり入れたトリートメントを受けられる。宿泊客以外も利用できるので、アップタウンでの買い物ついでにスパでリフレッシュ、という使い方も。

Spa

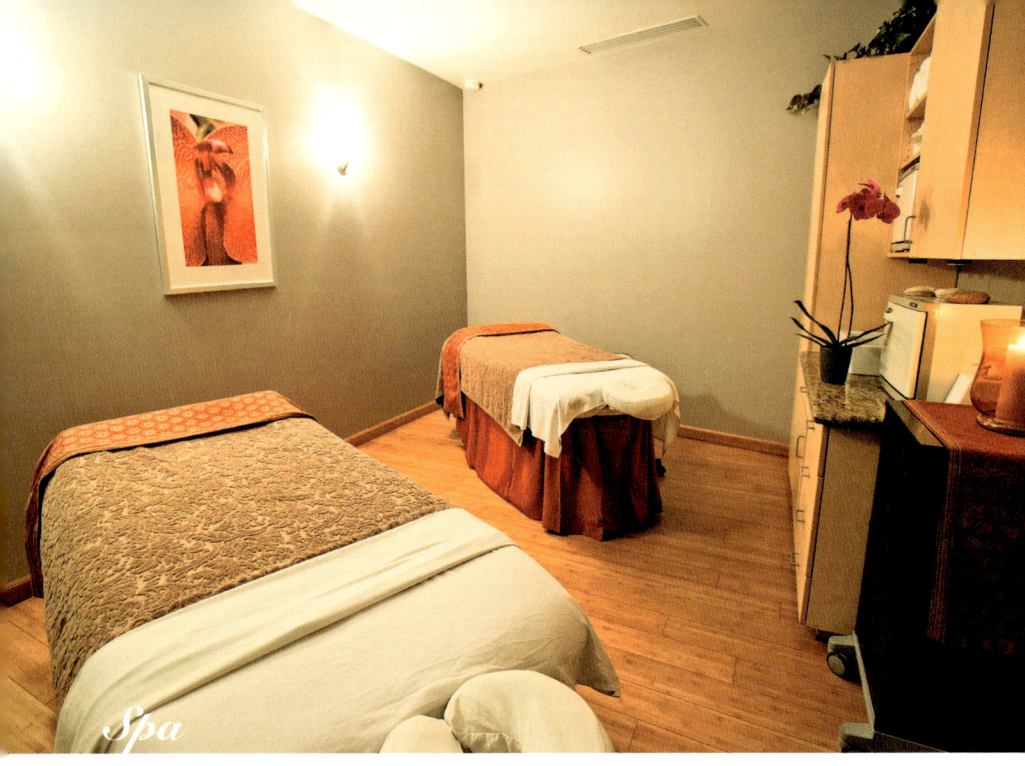

地元でも評判の「アマーラ・スパ」はエステ系のメニューが豊富で、スパだけの利用も可。ネイティブアメリカンの儀式をとり入れたスピリチュアルなメニューや、毎朝のヨガクラスも人気

(1) 美容系からリラックス系までバラエティーに富んだメニューが用意されており、フレンドリーなスタッフが親切に応対してくれる。施術ルームは全6室。カップルで施術を受けられる部屋や、ビーガンマニキュアがそろうネイルサロンもある (2) アリゾナやユタ砂漠に育つ植物を配合した、こだわりのコスメは美肌効果抜群。ハーブをブレンドした泥や、ミネラル塩を使ったボディートリートメントが人気 (3) 施術のあとはラウンジでクールダウン

（1）まるでレッドロックに飛び込んでいくような気分が味わえる、ダイナミックなインフィニティー・エッジ・プール（2）初期のオーナーが風水好きで、オーククリークから水のいい気が流れ込むように設計されたとか。アップタウンの中心にあるとは思えないほど、静かで心が潤う（3）スパはロビー棟の向かいに独立して立つ

町までワゴンで送迎するよ！

厳選！ラグジュアリーリゾート

ヒルトンセドナ・リゾート＆スパ
HILTON SEDONA RESORT & SPA　　　ヴィレッジ・オブ・オーククリーク エリア　MAP D

Data
住　所　90 Ridge Trail Drive, Sedona, AZ 86351
電　話　(928) 284-4040 / Toll Free (877) 273-3762
Ｕ Ｒ Ｌ　http://www.hiltonsedonaresort.com/
Ｅメール　SDXSE-SALESADM@hilton.com
料　金　$159〜
客室数　219室

ベルロックやコートハウスビュートなどの山々を見渡せる、絶好のロケーション。客室はリビングとベッドルームが分かれたスイートタイプが中心。レッドロックをイメージした落ち着いた色調でくつろげる

Restaurant

(1) おいしいと評判のレストラン「ザ・グリル・アット・シャドーロック」では、肉や魚のグリルを中心とした南西部アメリカ料理が味わえる。たき火を囲むテラス席やバーカウンターもある。朝食はブッフェとアラカルトが選べる (2) ジューシーに焼き上げたリブローズステーキ。付け合わせのポテトガレットも香ばしい。人気のアリゾナワインと一緒に (3) 新鮮なビーツとルッコラのサラダ。野菜のおいしいセドナらしい一品

ヴィレッジ・オブ・オーククリークの高級リゾート。アップタウンなど町中のホテルに比べて、ゆったりと開放的なくつろぎ感があり、子ども連れのファミリーも泊まりやすい。バルコニーからベルロックが見える部屋もある。ホテル内のレストランは遠方から訪れる人もいるおいしさ。広い敷地内には3つのプール、スパ&フィットネス、人気のゴルフコースがあり、連泊しても飽きない。近くにはアウトレットやショッピングプラザもあるので、車のあるツーリストにはとくにおすすめだ。

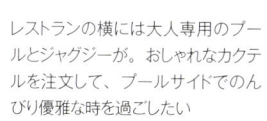

レストランの横には大人専用のプールとジャグジーが。おしゃれなカクテルを注文して、プールサイドでのんびり優雅な時を過ごしたい

（1）別棟の「エフォリア・スパ」ではオーガニックハーブのコスメやオイルを使用。アンチエイジング系のメニューに力を入れていて、地元マダムたちにも大人気だ。もちろんホットストーンなど定番のマッサージメニューも充実。ハイキングで疲れた足をほぐしてもらおう（2）アロマの香り漂う施術ルーム。カップル用の部屋もある（3）2014年にリニューアルオープンしたばかり。カフェやショップ、ヘア&ネイルサロン、フィットネスルームも完備（4）日本の温泉気分でつかれる広々ジャグジー。あたたかくて癒される～

(1) スパ内のフィットネススタジオでは毎日ヨガやピラティスなどのクラスが。人気の講師のクラスは常連さんで超満員！(2) 子ども用プール脇のバーカウンターでは、ビールやカクテルのほか、おつまみ、アイスクリームなども

Activity

(3) カエルの噴水がかわいい子ども用のプール。もちろん大人でも利用OK！(4) 本気で泳ぎたい人は、スパに併設の競泳用プールへどうぞ。音楽に合わせて水の中で体を動かすアクアビクスのクラスでは、日よけの帽子を忘れずに

第2章　セドナで泊まる

51

泊まりやすいおすすめホテル

スカイランチ・ロッジ
SKY RANCH LODGE

セドナエアポート エリア　MAP Ⓔ

Data
- 住　所　1105 Airport Road, Sedona, AZ 86336
- 電　話　(928) 282-6400 / Toll Free (888) 708-6400
- ＵＲＬ　http://www.skyranchlodge.com/
- Ｅメール　info@skyranchlodge.com
- 料　金　$119〜
- 客室数　94室

ロビー棟でチェックインを済ませてから、客室ロッジへ。シンプルだが清潔感があり、快適に過ごせる。テラスからの眺めは最高！ スタッフや他のゲストと自然に挨拶を交わすようなアットホームな雰囲気の宿だ

(1) ガーデンバー「ザ・ラビット・ホール」でくつろいでいると足元を野ウサギが走り抜けていくことも！ オーククリークビールやローカルワインがそろう
(2) 夕方のハッピーアワーはワインがお得。グラス片手にサンセットを楽しむのはいかが？
(3) バーで注文したドリンクを持ち込んで、緑に囲まれたプールでのんびりするのもいい

眺望が魅力の天空ロッジ。すぐ近くのエアポートメサと展望台はセドナ屈指のビューポイントとして人気だが、その絶景をプライベートテラスから独り占めできる。小鳥のさえずりや小川のせせらぎが聞こえる中庭を抜けて、展望エリアからレッドロックの山並みを一望するのも最高に気持ちがいい。レストランはないが、部屋にミニキッチンを完備。フロントにはコーヒーサービスがある。車があればすぐに町へ下りることもできるが、せっかくここに泊まるのであれば、食料は事前に調達しておいて、大自然と静寂の世界にどっぷりとつかりたい。

野生のウサギに会えるかも？

さまざまな動植物との触れ合いも滞在中の楽しみの一つ

泊まりやすいおすすめホテル

ベストウエスタン・プラス
アロヨローブリホテル＆クリークサイドヴィラ
BEST WESTERN PLUS ARROYO ROBLE HOTEL & CREEKSIDE VILLAS

Data

住　所	400 North SR 89A, Sedona, AZ 86336
電　話	(928) 282-4001 / Toll Free (800) 773-3662
URL	http://www.bestwesternsedona.com/
Eメール	bestwestern@bwarh.com
料　金	$165～
客室数	65室

アップタウン エリア　MAP Ⓕ

徒歩数分の圏内に人気のショップやギャラリーが並ぶ。部屋に入れば静かで落ち着いた雰囲気。アメニティーもそろい快適だ。施設内のいたるところにサウスウエスタン調のインテリアが配され、セドナ気分を高めてくれる。

(1) 客室はベランダつきのレッドロックビューを選びたい (2) プールサイドからもレッドロックが。ジャグジーやサウナを完備したクラブハウスも利用できる。ハイキングで疲れた体にうれしいサービスだ (3) 宿泊費に含まれる朝食ブッフェ。朝7時からだが、ハイシーズンやゲストからの希望があれば早めにオープンすることも

　アップタウンのメイン通りに面したホテル。買い物や食事に便利な場所にありながら、パティオや屋外プールからはセドナらしい雄大な景色が存分に堪能できて、セドナ初心者や家族連れにも使いやすい宿だ。フロントには24時間のドリンクサービスが。早朝にコーヒーを淹れて朝日を見に散歩へ出かけるのも気持ちがいい。裏手からオーククリークに抜けることもできる。川を見下ろすヴィラタイプの客室もある。

朝食ブッフェにはワッフルメーカーが。焼きたてのワッフルをテラス席で

55

泊まりやすいおすすめホテル

オーチャーズ・イン
ORCHARDS INN

アップタウン エリア　MAP Ⓖ

Data
- 住　所　254 North SR 89A, Sedona, AZ 86336
- 電　話　(928) 282-2405 / Toll Free (855) 666-8142
- URL　http://www.orchardsinn.com/
- Eメール　info@orchardsinn.com
- 料　金　$159～
- 客室数　70室

(1) サウスウエスタン風のピローがかわいい。ベランダからはスヌーピーロックが目の前に！ (2) メインストリートから小道を入ってすぐにエントランスが (3) 宿泊費に含まれる朝食ブッフェは、お隣のメキシカンレストランで用意される

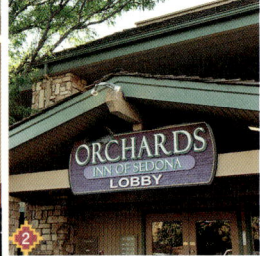

マフィンに甘いデニッシュ、グラノーラなどアメリカンな朝食を堪能！

　ル・オーベルジュ・ド・セドナ (P40) 系列のカジュアルホテル。黄色いパラソルが目印のメキシカン「タオス・カンティーナ」の脇を入ったところにある。アップタウンの真ん中なので、どこに行くにも便利。客室はすべて広いベランダ付きのレッドロックビュー。夕暮れ時には刻一刻と表情を変える赤い山を眺めながら、部屋でビールやワインなどを楽しむのもいい。

泊まりやすいおすすめホテル

ベストウエスタン・プラス・イン・オブ・セドナ
BEST WESTERN PLUS INN OF SEDONA

ウエストセドナ エリア　MAP Ⓗ

Data
- 住　所　1200 West SR 89A, Sedona, AZ 86336
- 電　話　(928) 282-3072 / Toll Free (800) 292-6344
- U R L　http://www.innofsedona.com/
- Eメール　Stay@InnofSedona.com
- 料　金　$129〜
- 客室数　110室

第2章　セドナで泊まる

遠くの山まで見渡せる景色のパノラマを楽しみながら、デッキでお茶を飲んだり、おしゃべりしたり。ゆったりと時は流れていく。夜は満天の星を眺めて過ごしたい

(1) シンプルで落ち着ける客室。バスルームも使いやすい (2) ロビーには冷たい飲み物とコーヒーマシーン、日本語の打てるパソコンも

ウエストセドナの小高い丘の上にあるホテル。デッキからはエアポートメサとセドナの町が一望できる。日本人の宿泊客も多く、セドナが初めての人にもおすすめ。宿泊費に含まれる朝食ブッフェの人気者はセルフのパンケーキマシーン。小さな屋外プールもあり快適に滞在できる。アップタウンやテラカパキ、エアポートメサなどへのシャトルサービスは、車のないツーリストの味方。

アップタウンへのシャトルは時間を決めて運行しているので要確認

泊まりやすいおすすめホテル

アラベラホテル・セドナ
ARABELLA HOTEL SEDONA

ビロー・ザ・ワイ エリア　MAP ①

Data
住　所　725 SR 179, Sedona, AZ 86336
電　話　(928) 282-3132 / Toll Free (877) 480-0044
U R L　http://arabellahotelsedona.com/
Eメール　Info@arabellahotelsedona.com
料　金　$89〜
客室数　148室

(1)シンプルで清潔感のある部屋 (2)宿泊費に含まれる朝食はドーナツなどアメリカらしいラインナップ (3)景色が楽しめる朝食会場 (4)レッドロックに見守られるプールには通年利用できるホットタブも。ファミリーや犬連れも多く、のびのびと過ごせる

ザ・ワイの交差点から179号線を南へ下ったビロー・ザ・ワイのエリアにある。エアポートメサが目の前という最高のロケーションに、リーズナブルな料金で泊まることができる。2015年1月に全面改装を終え、ボルテックスのエネルギーの通り道に瞑想スポットができるなど、セドナらしい魅力が倍増した。併設の「エローテ・カフェ」(P88)は超人気店。

泊まりやすいおすすめホテル

ポコ・ディアブロ・リゾート
POCO DIABLO RESORT

ビロー・ザ・ワイ エリア　MAP J

Data
住　所　1752 SR 179, Sedona, AZ 86336
電　話　(928) 282-7333 / Toll Free (877) 282-5755
ＵＲＬ　http://www.pocodiablo.com/
Ｅメール　Info@PocoDiablo.com
料　金　$109〜
客室数　137室

エアポートメサが間近に！

第2章　セドナで泊まる

　アラベラホテルからさらに南へ179号線を下ったところにある。ここもエアポートメサのエネルギーを感じるホテルとして、セドナリピーターを中心に根強い人気がある。モダンで高級感のある客室が、ゴルフコースのグリーンを囲むように並ぶ。レストラン、プール、フィットネスルームも完備。自然に恵まれた静かなエリアなので、早朝の散歩もおすすめだ。

南西部アメリカ料理のレストラン「ティー・カールズ」のテラス席からもエアポートメサが。フィレステーキやラムのグリル、パスタやベジタリアンメニューなども。朝はメキシカンスタイルのスパイシーな朝食が食べられる

59

> セドナらしさを満喫！こだわりの宿

ブライヤー・パッチ・イン
BRIAR PATCH INN

オーククリーク・キャニオン エリア　MAP Ⓚ

Data
- 住　所　3190 North SR 89A, Sedona, AZ 86336
- 電　話　(928) 282-2342 / Toll Free (888) 809-3030
- URL　http://www.briarpatchinn.com/
- Eメール　stay@briarpatchinn.com
- 料　金　$225～
- 客室数　19室

サウスウエスタン調のインテリアでまとめられた「カーサ・デ・ピエドラ」の室内。オレンジや青の大胆な配色も、この場所によくなじんで居心地がいい。枕元には寝ている間に悩みを解決してくれるといわれる「ウォーリー・ドール」が

(1) 自然に溶けこんだコテージが全19室。どれも異なるつくりで、人数や好みで選べる。リビングの窓から清流を見下ろす「クリークサイド」はフルキッチンと大小2つの寝室があり、家族や仲間とくつろげる (2) ベッドカバーもサウスウエスタン調。全室デザインが異なる (3) 1〜2人用の「デッキハウス」は、川にせり出すデッキやジェットバスなど、ロマンティックな演出が

セドナらしい宿の代表格といえば、個性的な客室と、豪華な手作り朝食がウリの高級B&Bだ。中でもファンが多いのがこちら。オーククリーク・キャニオンの森の中に隠れ家的なコテージが点在。テレビのない部屋、薪をくべる暖炉、味自慢の朝食など、随所にオーナーのあたたかいこだわりを感じる。全室キッチン付き。午後のおやつタイムには、ラウンジや川べりのテラスに季節ごとのドリンクと焼きたてのクッキーが並ぶ。

| かわいいリスも遊びに来ます

森の仲間たちに、こんにちは！ 絵本の世界に迷いこんだ気分が味わえる特別な宿

レシピ本が出るほど評判の朝食を、オーククリーク沿いのウッドチェアで。朝食だけ食べに訪れる人の姿も見られる（要予約）。ひと口食べれば、その人気も納得！

(1) 野菜がたっぷり詰まったキッシュが絶品！ 具は日替わり。ピリ辛ソースをかけていただく (2) 香ばしいパンの香りが漂う朝食ブッフェ。オートミールやマフィン、ヨーグルト、新鮮なフルーツをセルフで

朝が待ち遠しくなる味♪
何回もおかわりしちゃう

HPでレシピが公開されているほど人気の自家製グラノーラ

木漏れ日を浴びながらハンモックでゆらゆら。読書やヨガなど過ごし方は思いのまま。敷地内にはBBQ場もある

素敵な旅の記念品も見つかる

(1)(2)森の中の秘密基地のような、愛らしい雰囲気のマッサージルーム。川のせせらぎや木々を吹き抜ける風を感じながら受けるトリートメントは、ずっと心に残る癒し体験に。アロマ&ストーンマッサージのほか、フェイシャルトリートメントも (3)敷地内で飼われている羊たち。カメラを向けると寄ってきてくれる人なつっこいコも

|セドナらしさを満喫! こだわりの宿|

ジュニパイン・リゾート
JUNIPINE RESORT

オーククリーク・キャニオン エリア　(地図外)

Data
住　所　8351 North SR 89A, Sedona, AZ 86336
電　話　(928) 282-3375 / Toll Free (800) 742-7463
U R L　http://www.junipine.com/
Eメール　reservations@junipine.com
料　金　$139〜
客室数　40室

自然を満喫したい人には最高のロケーション。広い敷地内にはハイキングトレイルや釣り場も。全客室に眺めのいいテラスが

カントリー調の看板が目印

(1) フロントのあるログハウス。その奥にカフェ＆グリル「ザ・テーブル・アット・ジュニパイン」が。カジュアルな雰囲気で、ハイカーの休憩場所としても人気。天気のいい日はデッキ席で (2) 本日のおすすめはアーティチョークのディップ。地ビールとの相性も◎ (3)(4) イカのフライやニジマスのグリルなどシーフードメニューも充実

アップタウンから北へ車で約20分。オーククリークのほとりに並ぶコンドミニアムタイプのヴィラ。外観はシンプルなコテージ風だが、中はラグジュアリーで機能的。全客室に暖炉、テラス、フルキッチン、上質なアメニティーを完備する、コストパフォーマンスの高い宿だ。長期滞在やファミリーにもおすすめ。併設のカフェレストランのおいしさも評判！

バーカウンターのサーバーから注がれる地ビールはのどごし抜群！ワインやカクテルも

セドナらしさを満喫！こだわりの宿

アドビ・グランド・ヴィラズ
ADOBE GRAND VILLAS

ウエストセドナ エリア　MAP Ⓛ

Data

住　所	35 Hozoni Drive, Sedona, AZ 86336
電　話	(928) 203-7616 / Toll Free (866) 900-7616
U R L	http://www.adobegrandvillas.com/
Eメール	info@adobegrandvillas.com
料　金	$399〜
客室数	16室

16室の客室はすべてコンセプトが異なる。いずれもアンティーク家具が配されためったにないデザイン。部屋のイメージに合った食器、ホームベーカリーの焼きたてパン、AVEDAのアメニティーなどワンランク上のサービスも魅力

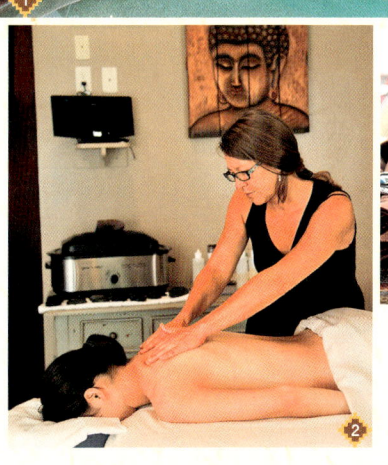

（1）花やオブジェが並ぶかわいらしいプール（2）敷地の中のメルヘンな小道を通って併設のスパへ。熟練セラピストによるトリートメントが受けられる。ホットストーンマッサージやクリスタルを使ったメニューも（3）有名シェフによるこだわりの朝食をテラスでいただく

　　ウエストセドナの高級B&B。注目はなんといってもオーナーが厳選したアンティーク家具。それらを最大限に生かすように、ドアやパティオなど細部にわたるまでストーリー性のあるデザインがほどこされ、まるで映画のセットにいるような気分になる。客室はすべてキッチン付き。ゴージャスなベッドで目覚めたら、シェフ自慢の朝食コースを堪能。ウエルカムオードブルもおいしくて、つい食べすぎてしまう。エントランスからムード満点。中庭ではレストランで使うハーブや野菜が栽培されている

67

セドナらしさを満喫！こだわりの宿
エル・ポータル・セドナ
EL PORTAL SEDONA

ビロー・ザ・ワイ エリア　MAP Ⓜ

Data
- 住　所　95 Portal Lane, Sedona, AZ 86336
- 電　話　(928) 203-9405 / Toll Free (800) 313-0017
- ＵＲＬ　http://www.elportalsedona.com/
- Ｅメール　info@elportalsedona.com
- 料　金　$259〜
- 客室数　12室

緑がいっぱいの中庭には、ぶどう棚が心地よい日陰をつくる。夜には薪で火をたき、いい雰囲気に。夕方にはロビーにホームメイドのクッキーやチーズなどのオードブルが並び、ワインも注文できる

(1) 天井の高いロビーには石造りの大きな暖炉が。コーヒーやお茶は無料。朝は朝食レストランとして営業している（宿泊費とは別途）
(2) メキシコ風の朝食が中心。写真はトルティーヤと豆の煮込みを添えたスパイシーなオムレツ (3) 2階の廊下にはアンティーク調のソファが
(4) シンプルなバターミルクパンケーキも朝食の人気メニュー

ペット同伴OKの宿だワン♪

　おとぎ話の世界に迷いこんだような、つたのからまる一軒家ホテル。客室は高級感のあるアンティークなインテリアに、最新設備のバスルームが快適。大通りから小道を入ったところにあるので、町中とは思えない静けさの中でゆったり過ごせる。テラカパキ (P117) のすぐそばなので買い物や食事にも便利。

69

セドナらしさを満喫！こだわりの宿

アドビ・ヴィレッジ・グラハム・イン
ADOBE VILLAGE GRAHAM INN

ヴィレッジ・オブ・オーククリーク エリア　MAP Ⓝ

Data
住　所　150 Canyon Circle Drive, Sedona, AZ 86351
電　話　(928) 284-1425 / Toll Free (800) 228-1425
ＵＲＬ　http://adobevillagegrahaminn.com/
Ｅメール　info@AdobeVillageGrahamInn.com
料　金　$179〜
客室数　15室

オーナーがこだわり抜いた家具や小物を配した個性的な客室。上の「サンセット・ヴィラ」は大人っぽいシックな雰囲気。左の「パープルリザード・ヴィラ」はニューメキシコスタイルのビビッドな色調で気分が上がる。いずれもホームベーカリーの焼きたてパンとクッキーのサービスなど、いたれりつくせりだ

（1）ハイキングのあとはプールでのんびり。プールサイドのテーブルで朝食をとることもできる　（2）オーナー夫人のおいしい手作り朝食を目当てに泊まるファンも多い。写真は焼きたて熱々のパイナップルマフィン　（3）朝食は日替わりで、メインは手のこんだ一品が用意される。本日はアボカドをのせた具だくさんのブリトー　（4）「サンセット・ヴィラ」のデッキから眺めるレッドロック

　ベルロックまで歩いていくことができる、ひときわユニークなインテリアが人気の高級B&B。彫刻のオブジェを配した緑の庭に埋もれるように、本館と4つのプライベートヴィラが。別棟のレッドロックスイートはコンドミニアムタイプ。朝食のおいしさも有名。近くにはレストランやカフェが多いので夕食にも困らない。

リピーターの多い通な宿です

ADOBE Village
AT THE GRAHAM INN

71

Columun

セドナの奥座敷で
特別な休日

町の喧騒を離れて北へ車を走らせると、マイナスイオンあふれる緑豊かな渓谷が現れる。オーククリーク・キャニオンは、まさにセドナの奥座敷。四季折々の美しさが楽しめる、その魅力をご紹介！

　アップタウンやウエストセドナなど、便利な町中のホテルに泊まるのもいいが、とことん非日常を満喫したいなら、オーククリーク・キャニオンでの滞在がおすすめだ。本書で紹介したブライヤー・パッチ・インやジュニパイン・リゾートなどいずれも川沿いにあり、小鳥の声と清流の音で目覚める朝は格別。日々の疲れを、心身ともに癒してくれるだろう。近くにはスライドロック州立公園など、川遊びができるスポットもある。オーククリーク・キャニオンは夏がハイシーズンなので、夏季の宿の手配はお早めに。キッチン付きの宿が多いので、近くのマーケットで食材を買い込んで自炊するのもいい。ガーランズ・インディアン・ジュエリー（P115）に隣接するインディアン・ガーデンズではカフェでテイクアウトもできる。

デリやチーズ、地元産のワインなどがそろう。自炊のための食材も

Data
ガーランズ・インディアン・ガーデンズ
カフェ&マーケット
Garland's Indian Gardens Cafe & Market
住　所　3951 North SR 89A, Sedona, AZ 86336
電　話　(928) 282-7702
Ｕ Ｒ Ｌ　http://indiangardens.com/
営　業　7:30 〜 17:00

第3章
セドナで食べる

地元の食材を生かしたおいしいお店の多いセドナ。
南西部アメリカ料理から、フレンチやイタリアンに中華まで、
美しい景色を楽しみながら存分に味わいたい

※レストランはとくに記載がなければ無休。
ただし多くのお店が感謝祭とクリスマスは休業

SEDONA'S RESTAURANTS

オアハカ・レストラン&ルーフトップ・カンティーナ
Oaxaca Restaurant & Rooftop Cantina

アップタウン エリア　MAP ①

名物のファヒータはジュージュー熱々の鉄板で出てくる。タコサラダやサボテンステーキ、メキシコ風の甘いデザートなどメニューいろいろ。フローズンマルガリータのおいしさには定評あり!

**わいわい陽気に楽しめる
アップタウンの人気メキシカン**

おいしいメキシコ料理店の多いセドナで、創業40年以上を誇る老舗。日当たりのいいテラス席からはアップタウンの街並みが見下ろせる。料理はどれもボリュームたっぷり。コレステロールフリーの植物油や、ネイティブアメリカンのブルーコーン、地元産の新鮮な野菜など、体にいい食材にこだわっているので、子ども連れのファミリーやヘルシー志向の人にもうれしいお店だ。

DATA
住所	321 North SR 89A, Sedona, AZ 86336
電話	(928) 282-4179
URL	http://www.oaxacarestaurant.com/
営業	11:30 ～ 21:00

セドナ・ピザ・カンパニー
Sedona Pizza Company

アップタウン エリア　MAP②

人気は2つの味が楽しめるハーフ&ハーフピザ。サイドメニューやパスタも種類が豊富で、どれもソースがいい味。自家製サングリアも◎

耳がふっくら香ばしい
窯焼き本格ナポリピザ&パスタ

アップタウンのメイン通りで、こんがりモチモチの窯焼きナポリピザと、アルデンテのパスタが食べられる。アメリカンタイプに比べて生地が薄めのピザは、意外にペロリ！ 全体的にこってりしすぎない日本人好みの味つけ。正面に赤いパラソルのテラス席が並び、ファミリー歓迎のカジュアルな雰囲気だが、味とサービスは高級レストラン並み。

DATA
住所　320 North SR 89A, Sedona, AZ 86336
電話　(928) 203-5656
URL　http://www.sedonapizzacompany.com/
営業　11:00〜21:00

第3章　セドナで食べる

SEDONA'S RESTAURANTS

カウボーイ・クラブ
Cowboy Club

アップタウン エリア　MAP ③

おすすめのバッファロー・テンダーロインは、味付けはシンプルに素材で勝負。付け合わせの人参のように見えるのは、ベークドスイートポテトのマッシュ。締めの甘いデザートもお忘れなく！

思いきりお肉が食べたいときにGO！

その名のとおり、西部劇に出てくるような雰囲気で、アップタウンでも大人気のレストラン。看板メニューはなんといっても豪快に焼いたステーキだが、サボテンのフライやココナッツシュリンプなど南西部アメリカらしい料理も味わえる。落ち着いたムードで食事したいなら併設のシルバーサドルルーム（ディナーのみ営業）を利用するのがおすすめ。

DATA
住所　241 North SR 89A,Sedona, AZ 86336
電話　(928) 282-4200
URL　http://www.cowboyclub.com/
営業　11:00 〜 22:00

SEDONA'S RESTAURANTS

ル・オーベルジュ・レストラン・オン・オーククリーク
L'Auberge Restaurant on Oak Creek

アップタウン エリア　MAP Ⓑ

第3章　セドナで食べる

朝から幸せになるふわふわパンケーキ。料理には厳選した地元アリゾナ産の食材をふんだんに。ワインのセレクションもセドナ随一

清流を眺めながら優雅に食事を楽しむ

アメリカの有名旅行誌で、南西部のレストラントップ10に選ばれた、セドナ屈指のラグジュアリーダイニング。緑と小川のせせらぎに癒される、最高にロマンティックなロケーションで、見た目にも美しい、繊細な季節の味わいを五感で楽しもう。朝のすがすがしい空気の中でいただく名物のクロックムッシュやパンケーキ、日曜の豪華なブランチブッフェも要チェック。

DATA

- 住所　301 L'Auberge Lane, Sedona, AZ 86336
- 電話　(928) 282-1661／Toll Free (888) 387-4853
- URL　http://www.lauberge.com/
- 営業　月～土曜　朝食 7:00～10:30、ランチ 11:30～14:30　ワインバー 14:30～20:00、ディナー 17:30～20:00
  　　　日曜　シャンパンブランチ 9:00～14:00　ワインバー 14:30～20:00、ディナー 17:30～20:00

77

SEDONA'S RESTAURANTS

タイ・パレス・アップタウン
Thai Palace Uptown

アップタウン エリア　MAP④

メイン通りの1本裏
隠れ家的なタイ料理屋さん

セドナの熱い太陽の下で思いきりハイキングや観光を楽しんだ日は、スパイシーなタイ料理が最高！　流れる水のオブジェやブッダ像のあるテラス席もエキゾチックでいい雰囲気。全体的にマイルドな味つけなので、辛いもの好きな人はオーダー時にリクエストを。

DATA
住所　260 Van Deren Road, Sedona, AZ 86336
電話　(928) 282-8424
URL　http://www.thaipalacesedona.com/
営業　11:00 ～ 21:00

ピリリとおいしいカレーは見た目もゴージャス。タイビールやオリジナルカクテルと一緒に

SEDONA'S RESTAURANTS

ワイルドフラワー・ブレッドカンパニー
Wildflower Bread Company

アップタウン エリア　MAP⑤

午後はこみやすい
地元でも評判のベーカリー

セドナに来たら1度は立ち寄りたい名物ベーカリー。モッチモチのクロワッサンは絶品！　サンドイッチやサイドメニューつきのセットは朝食やランチに。おやつにうれしいデニッシュなどスイーツ系のパンも種類豊富。天気のいい日はレッドロックを望むテラス席から埋まっていく。

DATA
住所　The Shops at Hyatt Pinon Pointe,
　　　101 North SR 89A, Sedona, AZ 86336
電話　(928) 204-2223
URL　http://www.wildflowerbread.com/
営業　月～金曜 6:00 ～ 21:00、土曜 7:00 ～ 21:00、日曜 7:00 ～ 20:00

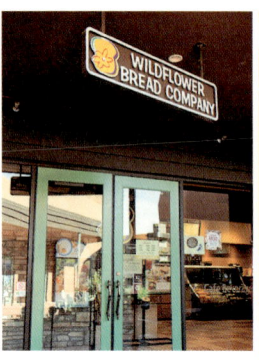

ガラスのランプや花のオブジェがかわいらしい明るい店内。具だくさんのスープやサラダも頼める

SEDONA'S RESTAURANTS

メサグリル・アット・ザ・セドナエアポート
Mesa Grill at the Sedona Airport

セドナエアポート エリア　MAP ⑥

セドナ空港が目の前！
見晴らしのいいダイニング

とびきり開放感のあるカジュアルダイニング。南西部アメリカ料理が中心で、朝食からディナーまで営業。セドナ空港のすぐそばにあるので、エアポートメサで早朝ハイキングを楽しんだ後に立ち寄ってもいい。夜はライトアップされてロマンティックな雰囲気に。

DATA

住所	1185 Airport Road, Sedona, AZ 86336
電話	(928) 282-2400
URL	http://www.mesagrillsedona.com/
営業	7:00～21:00

飛び立つセスナ機を眺めながら、おいしい食事が楽しめる。写真はチキングリルとフィッシュタコス

SEDONA'S RESTAURANTS

クリークサイド・セドナ
Creekside Sedona

アップタウン エリア　MAP ⑦

テラス席が大人気
健康的な創作料理を味わう

テラカパキ（P117）のすぐ目の前という便利な場所にありながら、クリークサイドの森の中で食事をしているような気分が味わえる、ロケーション抜群のモダンビストロ。地元のオーガニック食材を中心としたメニューは、仕入れた素材や季節に応じてアレンジされる。

DATA

住所	Creekside Plaza, 251 SR 179, Sedona, AZ 86336
電話	(928) 282-1705
URL	http://www.creeksidesedona.com/
営業	7:00～22:00

レッドロックを眺めてスパークリングワインで乾杯。オリジナルの料理は盛りつけにもこだわりが

SEDONA'S RESTAURANTS

オーククリーク・ブリュワリー&グリル
Oak Creek Brewery & Grill　　　ビロー・ザ・ワイ エリア　MAP⑧

名物のBBQポークリブはオリジナルの甘辛ソースがやみつきになる味。手の汚れは気にせず豪快にかぶりつきたい。前菜のオーククリーク・ホットウイングスもビールとよく合う

料理はボリューム満点
醸造したての地ビールで乾杯!

ショッピングモールのテラカパキ(P117)内にあるいつも行列のできるレストラン。いくつもの賞に輝いた地ビールを店内で醸造している。肉料理を中心に、チキンやサーモンのグリルなどのトッピングが選べるサラダ、種類豊富なピザなどボリュームたっぷり。ビールを楽しみたい人は前菜だけでお腹いっぱいになってしまうかも!

7種の定番地ビールを味わえる「セブン・ドワーブズ(7人の小人)」。薄いほうから順に飲む

DATA
住所　336 SR 179, Suite D-201, Sedona, AZ 86336
電話　(928) 282-3300
URL　http://www.oakcreekpub.com/
営業　11:30 ~ 20:30(最終入店時間)

SEDONA'S RESTAURANTS

ザ・シークレット・ガーデン・カフェ
The Secret Garden Cafe
ビロー・ザ・ワイ エリア　MAP⑧

買い物の合間にホッと
ひと息つける憩いのカフェ

ショッピングで歩き疲れたら木陰のガーデンカフェでひと休み。肉や野菜がたっぷり入ったサンドイッチや、フムスをつけていただくピタパンなど、テラスで食べるのにぴったりなメニューが充実。目の前の木をリスが登っていくことも。テラカパキの門をくぐってすぐ。

妖精が出てきそうなかわいいお店。もちろんお茶だけの利用もOK。手作りケーキもある

DATA
住所　336 SR 179 Siute F-101,Sedona, AZ 86336
電話　(928) 203-9564
URL　http://www.sedonasecretgardencafe.com/
営業　8:00 〜 17:00

SEDONA'S RESTAURANTS

エル・リンコン・レストラン・メキシカーノ
El Rincon Restaurant Mexicano
ビロー・ザ・ワイ エリア　MAP⑧

気軽に入れる
アリゾナ風のメキシカン

ここもテラカパキ内にある、アリゾナスタイルのメキシコ料理が楽しめるレストラン。エンチラーダやタコスなど、代表的な味を少しずつ楽しみたい人には、コンビネーションメニューがおすすめ。暑い日はピリッと辛いサルサソースに、よく冷えた本物のマルガリータが最高！

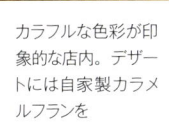

カラフルな色彩が印象的な店内。デザートには自家製カラメルフランを

DATA
住所　336 SR 179, Suite A-112, Sedona, AZ 86336
電話　(928) 282-4648
URL　http://www.elrinconrestaurant.com/
営業　日〜木曜 11:00 〜 20:00、金〜土曜 11:00 〜 21:00

第3章　セドナで食べる

SEDONA'S RESTAURANTS

ザ・ハートライン・カフェ
The Heartline Cafe

ウエストセドナ エリア　MAP ⑨

地元食材にこだわる
セドナを代表する超有名店

1991年の開業以来、世界中のファンを笑顔にしてきた有名店。ボリューム満点の肉や魚に絶品ソースがからむ。オーククリークでその日に捕れたニジマスのソテー（写真右上）が名物。食材は地元産にこだわり、店内ではローカルアーティストの作品を展示販売。セドナの愛とエネルギーを存分に吸収できるダイニングだ。デザートもおいしいのでぜひ余力を残して！

青い看板と建物はもはやセドナのアイコン的存在。オーナーのフィリスさんのホスピタリティーも根強い人気の秘密

DATA

住所　1610 West SR 89A, Sedona, AZ 86336
電話　(928) 282-0785
URL　http://www.heartlinecafe.com/
営業　17:00 〜 21:30（最終入店時間）
※朝食およびランチの営業については上記HPで確認を。事前に連絡すればテイクアウトもできる

SEDONA'S RESTAURANTS

ショコラトリー・オーガニック・オアシス
ChocolaTree Organic Oasis

ウエストセドナ エリア　MAP⑩

第3章｜セドナで食べる

心も体も喜ぶ幸せの味
おいしいローフード＆チョコ

「新鮮な食材に残っている"生命力"を、直接体に届けたい」というオーナーのジェニファーさん一家の思いが詰まった、ローフード（非加熱食）＆オーガニックのお店。裏庭では、野菜やハーブがすくすくと育っている。ジェニファーさんの旦那様はショコラティエ。店内にはカカオをローストしないローチョコレートも並ぶ。

採れたてバジルを練り込んだスプリングロール。料理はどれもヘルシーなのに味わい豊かで本当においしい

DATA
住所　1595 West SR 89A, Sedona, AZ 86336
電話　(928) 282-2997
URL　http://www.chocolatree.com/
営業　9:00〜21:00（第2水曜は11:00〜）

83

SEDONA'S RESTAURANTS

ダール&ディルーカ・リストランテ・イタリアーノ
Dahl & Di Luca Ristorante Italiano

ウエストセドナ エリア　MAP⑪

フレスコ画の飾られた中世ヨーロッパを思わせる店内

一番人気の魚介のトマトソースパスタ（上）と、ブルスケッタ＆オリーブとナスの前菜の盛り合わせ

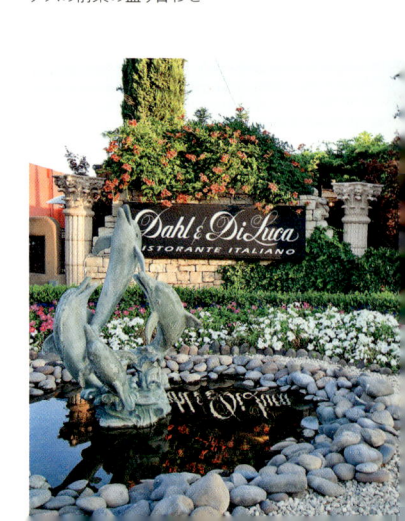

記念日のカップルにもおすすめ

セドナのベストイタリアンといわれる名店。ゴージャスなエントランスは一見、敷居が高そうに思えるが、オーナーシェフのリサ・ダールさんはじめスタッフのもてなしは、セドナらしくとてもフレンドリー。くつろいだひとときを過ごせる。自慢の手打ちパスタは繊細な味つけで、日本人になじみやすい。ワインリストも充実。前菜から締めのデザートまでゆっくり味わいたい。

DATA
- 住所　2321 West SR 89A, Sedona, AZ 86336
- 電話　(928) 282-5219（予約をするのがおすすめ）
- URL　http://www.dahlanddiluca.com/
- 営業　17:00～21:00（最終入店時間）
　　　※21:00以降の予約は応相談

セシュアン・レストラン&マティーニ・バー
Szechuan Restaurant & Martini Bar

ウエストセドナ エリア　MAP⑫

第3章──セドナで食べる

ジューシーな鶏からあげの特製ソースがけ（左）と、インゲンとザーサイのガーリック炒め（上）。寿司メニューも本格派で、握りはもちろん、カリフォルニアロールも人気

カウンターでは握り寿司も
大繁盛のチャイニーズレストラン

台湾人オーナーが経営する、セドナではめずらしい中華レストラン。酢豚やエビチリ、五目焼きそばなどおなじみのメニューから創作系まで、どれも油控えめでヘルシーなセドナスタイル。地元の常連さんや観光客で毎日大にぎわいなので、食事時をずらして訪れるのがおすすめ。併設のマティーニ・バーでは遅くまでカクテルなどが楽しめる。週末にはライブ演奏も。

日本に留学していたこともあるオーナーのジェリーさんは日本語に堪能

DATA
住所　1350 West SR 89A, Suite 21, Sedona, AZ 86336
電話　(928) 282-9288
URL　http://www.szechuansedona.net/
営業　11:00 〜 21:30（金・土曜は 〜 22:00）

85

SEDONA'S RESTAURANTS

ピサ・リサ
Pisa Lisa　　　　　　　　　　　　　　　ウエストセドナ エリア　MAP⑬

有名店の味を
カジュアルな雰囲気で

ダール&ディルーカ（P84）のオーナーシェフ、リサさんのイタリアンを気軽に楽しめるのが、ピザをメインにしたこちらのお店。大きな窯から運ばれてくるのは、本場ナポリ仕込みの薄焼きピザ。イチオシはこだわりのモッツァレラチーズがたっぷりのったマルゲリータ。

自家製ジェラートなどデザートもさすがのおいしさ。天使の看板が目印

DATA
- 住所　2245 West SR 89A, Sedona, AZ 86336
- 電話　(928) 282-5472
- URL　http://www.pisalisa.com/
- 営業　11:30～21:00（日曜は12:00～）

SEDONA'S RESTAURANTS

バーキング・フロッグ・グリル
Barking Frog Grille　　　　　　　　　　ウエストセドナ エリア　MAP⑭

ワインリストも充実
味自慢のサウスウエスタン

カウボーイ・クラブ（P76）の姉妹店のこちらは、メキシコの邸宅風の一軒家レストラン。テラスやパティオなど雰囲気の異なる3つのフロアがあるので、人数や気分で選びたい。おいしいアリゾナワインをそろえていることでも知られ、お酒が進むスパイシーなメニューもいろいろ。

シェフが腕をふるう、メキシカンテイストを交えた創作サウスウエスタン料理は見た目も鮮やか

DATA
- 住所　2620 West SR 89A, Sedona, AZ 86336
- 電話　(928) 204-2000
- URL　http://www.barkingfroggrille.com/
- 営業　11:00～22:00

ゴールデン・グース・カフェ&ビストロ
Golden Goose Cafe & Bistro　　　　ウエストセドナ エリア　MAP⑮

落ち着いたムードで
リーズナブルな一品料理を

ガチョウの絵やオブジェが飾られたシックな雰囲気の店内で、定番のアメリカンフードからモダンなイタリアンまで、さまざまな料理をワインとともに楽しめる。価格が意外にリーズナブルなのも魅力。天気のいい日には、カラフルなパラソルつきのテラス席でランチを。

DATA
住所　2545 West SR 89A, Sedona, AZ 86336
電話　(928) 282-1447
URL　http://www.goldengoosecafe.com/
営業　7:00 〜 20:00（日曜は 8:00 〜）

メニューが多くて迷ったら、まずは熱々のアーティチョークディップはいかが？

カフェ・ホセ・レストラン
Cafe Jose Restaurant　　　　ウエストセドナ エリア　MAP⑯

使い方は自由自在！
知っておくと便利なお店

セーフウェイのモールの一角にあるファミレス風のカフェダイニング。朝食・ランチ・ディナーと分けられたメニューは、パンケーキからステーキやパスタ、デザートにいたるまで驚くほど多種多様。しかも安い。とくにメインのメキシカンは種類も味もなかなか本格的。

DATA
住所　2370 SR 89A #1 Sedona, AZ 86336
電話　(928) 282-0299
URL　http://www.sedonacafejose.com/
営業　月〜金曜 5:30〜20:00（土・日曜は 6:00〜）

チキンピカタをのせたパスタは絶妙なアルデンテでうれしい驚き。料理はすべてテイクアウト可

第3章　セドナで食べる

SEDONA'S RESTAURANTS

ハベリナ・カンティーナ
Javelina Cantina

ビロー・ザ・ワイ エリア　MAP⑰

ヒルサイド・セドナ内
ルーフトップのテラス席も

おしゃれなギャラリーやショップが並ぶ、ヒルサイド・セドナの中にあるカジュアルメキシカン。暑い夏の昼下がりには、タコスやエンチラーダを豪快に盛り合わせたコンボに、冷えたメキシカンビールのランチはいかが。ルーフトップのテラス席からはレッドロックが見渡せる。

DATA
住所　671 SR 179, Sedona, AZ 86336
電話　(928) 282-1213
URL　http://www.javelinacantina.com/
営業　11:00～21:00

ギャラリーめぐりの合間に立ち寄って、コロナビールやフローズンマルガリータでひと息つきたい

SEDONA'S RESTAURANTS

エローテ・カフェ
Elote Cafe

ビロー・ザ・ワイ エリア　MAP①

行列必至の人気店
その味は並ぶ価値あり！

本場のメキシコ料理が味わえる。予約ができないので、週末は1時間以上待つ覚悟で。名物のとうもろこしディップはマストとして、自家製のトルティーヤ生地が絶品のタコスや、チリソースとブルーチーズが絶妙にからみ合う牛ステーキ「カルネ・アサーダ」も素晴らしい。

DATA
住所　771 SR 179, Sedona, AZ 86336
電話　(928) 203-0105
URL　http://www.elotecafe.com/
営業　17:00～21:00（最終入店時間）（日・月曜休み）

外ではマルガリータ片手に順番を待つ人々が。すごい混雑でもみなニコニコなのがセドナらしい

SEDONA'S RESTAURANTS

ザ・グリル・アット・シャドーロック
The Grille at ShadowRock

ヴィレッジ・オブ・オーククリーク エリア　MAP Ⓓ

わざわざ訪れたい
ヒルトンホテルのレストラン

高級リゾートのヒルトンセドナ（P48）内の人気レストラン。ステーキなどのグリルが中心だが、シーフードの前菜や、手のこんだデザートもおすすめ。ストロングホールドなど地元ワイナリーのおいしいワインも味わえる。プールを望むテラス席があり、夜はたき火のそばで飲むのもいい。

DATA

住所　90 Ridge Trail Drive, Sedona, AZ 86351
電話　(928) 284-6909
URL　http://www.hiltonsedonaresort.com/
営業　6:30 ～ 22:00

デザートはどれも魅力的で迷ってしまう。テラス席からはセドナの雄大な山並みが

第 3 章　セドナで食べる

SEDONA'S RESTAURANTS

ブルームーン・カフェ
Blue Moon Cafe

ヴィレッジ・オブ・オーククリーク エリア　MAP ⑱

ベルロックが間近の
気軽に立ち寄れるカフェ

ブルーのパラソルが目を引く、ベルロックプラザの向かいにある家庭的なカフェレストラン。ハンバーガーやサンドイッチ、パウンドケーキなどのスイーツにいたるまでホームメイド。素朴なまさにアメリカのお母さんの味だ。ボリュームのある朝食メニューは一日中オーダーできる。

DATA

住所　6101 SR 179, Suite B, Sedona, AZ 86336
電話　(928) 284-1831
URL　http://www.bluemooncafe.us/
営業　7:00 ～ 21:00

ニューヨークスタイルの具だくさんのピザは、もちろん生地も手作り。ブルームーンビールと一緒に

89

体験レポート 1

名物ガイドさんと行く
ジェローム観光＆ワイナリーめぐり

人気ツアー会社「ツアーズ・オブ・ジェローム」の創業者で名ガイドのロンさん（写真左）とオーナーのデニスさん（右）が案内する、セドナ発のおすすめ半日ツアーへいざ出発！

まずは古き良きアメリカを感じる町コットンウッドへ

　車内でロンさんのワインテイスティング講座を聞きながら、最初に訪れたのがコットンウッドの「ピルズベリー」。映画監督のサム・ピルズベリー氏がオーナーを務める、近年評判のワイナリーだそう。ワイン通のデニスさんにすすめられ、赤の「Diva」を試飲。芳醇な味わいで、自家製チョコレートとのマリアージュが最高！

オールドタウンにはアンティークショップやレストランも。こだわりを感じる素敵なお店ばかり

ワインだけじゃないオリーブオイルも試飲

　次に徒歩で向かったのは「ヴェルデバレー・オリーブオイル・トレーダーズ」。絞りたてのオリーブオイルとバルサミコ酢が店内にずらりと並び、自由に試飲できる。ガーリック味やライム風味など、その味30種以上！　フレッシュでびっくりするほどおいしい。

ルート89Aをひた走り いよいよジェロームへ！

元気いっぱい迎えてくれたのが「パッション」のコーディさん。こちらのワインは香りが華やかで、名前のように情熱的な味わい。フルーツワインやデザートワインもある。コーディさんから選び方や味わいの表現方法を教えていただき、なんだかワインに詳しくなった気分。

ワインも人も、タイムスリップしたような古い町並みも、ジェロームの町はどこを見ても絵になる

アートの町は ワイナリーも芸術的

かつて銅鉱山で栄えたジェローム。現在は、昔の建物をそのまま利用したギャラリーやファンキーな雑貨屋さんが並んでいる。最後に訪れた「セラー433」は、そんなアートの町を代表するようなおしゃれなワイナリー。ラベルも芸術的。窓の向こうには、楽しかったツアーの締めくくりにふさわしいヴェルデバレーの絶景が！

＜問い合わせ先＞
ツアーズ・オブ・ジェローム　Tours of Jerome
電　話　(928) 639-4361　Eメール　info@toursofjerome.com
U R L　http://www.toursofjerome.com/

＜料金＞　※チップ別途
ア・テイスト・オブ・ジェローム　　4.5時間　1人$125　（ワインテイスティング付き）
アリゾナ・ワイン・ディスカバリー　3.5時間　1人$110　（ワインテイスティング付き）
ワイン&ダイン・アドベンチャー　　4.5時間　1人$150　（ランチ&ワインテイスティング付き）

Columun

セドナで出合った
パンケーキ

セドナは朝食のおいしい町としても有名。
とくにパンケーキのレベルの高さは要チェック！
究極のパンケーキを求めて、
地元で評判のお店を食べ歩いてみた。

ザ・グリル・アット・シャドーロック (P89)
生地にビーツを練り込んだめずらしいパンケーキ。ヘルシー気分の朝食に！

**ル・オーベルジュ・
レストラン・オン・オーククリーク** (P77)
洗練された盛りつけはさすが。生地はふんわり、クリームは甘さ控えめで上品な味わい

**ワイルドフラワー・
ブレッドカンパニー** (P78)
軽い食感の生地に練りこまれたレモン風味のリコッタチーズがさわやか！

番外編

エル・ポータル・セドナ (P68)
カリッと焼きあげた素朴なバターミルクパンケーキ。宿泊客以外も食べられる

ベストウエスタン・プラス・イン・オブ・セドナ (P57)
朝食ブッフェにはセルフのパンケーキマシーンが。ボタンを押すと、1枚ずつ出てくるのが楽しい！

第4章

スピリチュアル＆ヒーリング

癒しとスピリチュアルの町セドナでは
本場の占いやヒーリングセッションをぜひ体験したい。
心身を浄化できる人気のデイスパも紹介

パワーストーン&アロマ占い

チャンダ・シュミット
Chanda Schmidt

石やアロマを使って人生の問題を解決

　人気のヒーリングショップで受けるリーディング。「人生は本来シンプルなもの」と語るチャンダさんが、優しくもきっぱりとした言葉で心の混乱を解きほぐしてくれる。パワーストーンのオラクルカードを使ったセッションでは、選んだ3枚のカードや手相を通して、気になる悩みや問題の行方を占っていく。終了後、希望すれば、店内で自分に適したパワーストーンのアクセサリーを選んでもらえる。一方、アロマ占いは、自分の本質を知るセッション。アロマボトルの束から無作為に選んだ4種のオイルを使って、「私は何者なのか？」を読み解き、より自分らしく幸せに生きるためのヒントが与えられる。

選んだオイルはブレンドして、効果的な使い方のメモと一緒にプレゼントしてくれる

＜予約先＞
ボディブリス・ファクトリーダイレクト　Body Bliss Factory Direct（P110参照）
住　所　Sinagua Plaza, 320 North SR 89A, Suite Q, Sedona, AZ 86336
電　話　(928) 282-1599
Eメール　bbfd@gmx.net
Ｕ Ｒ Ｌ　http://www.bodyblissfactorydirect.com/
営　業　9:30～20:00

＜料金＞※チップ別途
ジェムストーン・オラクル・リーディング　15分 $35、30分 $60
アロマテラピー・リーディング　15分 $45、30分 $80
※2種類のリーディングを続けて受けることも可能　※日本語通訳の手配可能（通訳料別途）

サイキック・リーディング

メアリー・モーニングスター
Mary Morningstar

パワーストーンやオラクルカードを使いながら、降りてきたメッセージを伝えてくれる

人にいえない悩みやトラウマも癒してくれる

　日本のテレビ番組にも出演して一躍有名になったメアリーさんは、日本人とネイティブアメリカンのハーフ。日本語も少し話せるので親しみやすい。向かい合って質問を口にする前に、いきなり霊視が始まることもあって驚かされるが、それがすべて的を射ており、「何も隠し事はできない！」という気分になる。メアリーさんの口調はまるでお母さんのように優しく、心を包み込んでくれるようで、思わず涙ぐんでしまう人もいるという。リーディングが終わると、体の弱っている部分に手を当ててヒーリング。手のひらから送られるパワーに全身がじんわりあたたかくなる。悩みやトラウマになっていた思いまでも溶けていくような不思議なセッションだ。

第4章　スピリチュアル＆ヒーリング

＜予約先＞
セドナ・クリスタルボルテックス　Sedona Crystal Vortex
住　所　270 North SR 89A, Sedona, AZ 86336（P111参照）
電　話　(928)282-3388／(982)282-3543
Eメール　info@sedonacrystalvortex.com
Ｕ Ｒ Ｌ　http://www.sedonacrystalvortex.com/
営　業　9:00 〜 20:00

＜料金＞　※チップ別途
30分 $60、45分 $90、60分 $120
※日本語通訳の手配可能（通訳料別途）

タロット・リーディング
クラウディア・グレンジャー
Claudia Granger

テキパキした語り口に迷いも吹き飛ぶ!?
カップルやビジネスカウンセリングも行う

明快な未来志向のアドバイスがもらえる

　誕生日の数秘術をベースに、カードを通して向こう3年間に起こる出来事が予言される。時にはオーラやスピリットガイドの声も読み取りながら語られる未来は、時期から内容まで驚くほど具体的。予言が先で、そのあと言葉どおりのカードが出てくることもあり、特別なパワーを感じずにはいられない。テーブルいっぱいに次々と並べられるカード、よどみない口調にはじめは圧倒されるが、後から質問にもきちんと答えてくれるし、録音データもメールで送ってもらえる。予言は前向きで勇気づけられるものばかり。ネガティブな可能性についても、その意味や対処法を教えてくれるので心強い。将来に向けて明確なビジョンやアドバイスが欲しい人におすすめ。

<予約先>
クラウディア・グレンジャー　Claudia Granger
住　所　23 Last Wagon Circle, Sedona, AZ 86336
電　話　(928) 300-2112
Eメール　wholenessnavigation@hotmail.com
Ｕ Ｒ Ｌ　http://claudiagranger.com/
営　業　9:00 〜 16:00

<料金>　※チップ別途
60分 $150、90分 $225
※日本語通訳の手配可能（通訳料別途）

チャネリング&アロママッサージ

パトリシア・フローレス
Patricia Flores

第 4 章　スピリチュアル&ヒーリング

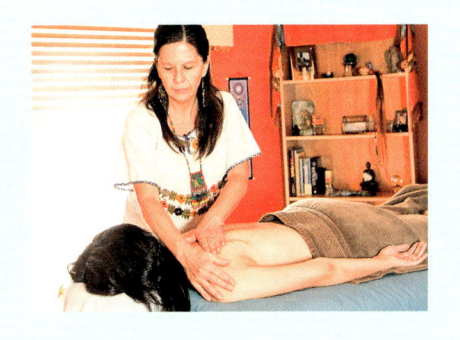

アロママッサージとともにチャネリングを行う

　メキシコのサイキックの家系出身のパトリシアさんによる「マヤン・ヒーリング・セッション」。事前に3つの質問を送り、マヤの儀式とともにアロママッサージを受ける。肌を通して、現在に影響を与えているトラウマのヒーリングも行いながら、自分を守ってくれている守護霊や関わりのある人からのメッセージを伝えてくれる。後日、回答のメールも送られてくるが、チャネリングの内容や質問に関する助言が細やかにつづられた文面は、誠実であたたかい彼女の人柄そのもの。セドナを離れても、このメールが優しいうっとりするようなマッサージと、守護霊や大切な人との結びつきを思い出させてくれる。

使うオイルにレシピはない。守護霊の声に従って、その人に合うものを選んでいく

＜予約先＞
パトリシア・フローレス　Patricia Flores
電　話　(928) 282-2524
Eメール　patricia@mayanhealinghands.com
Ｕ Ｒ Ｌ　http://www.mayanhealinghands.com/
営　業　7:00～20:00（応相談）

＜料金＞ ※チップ別途
75分 $150
※英語が話せなくてもOK。その場合は事前に質問を3つ、英文で箇条書きにして用意する
※アロマオイルで全身マッサージを受けるので、生理日を避けたい人は注意を
※$100で遠隔ヒーリングも行っている。詳しくは上記ホームページ参照

タロット・リーディング

ニルップ
Nirup

夢も悩みも、優しく背中を押してくれる

「みなさんを前向きに導くのがポリシー。怖いことはいわないので安心してネ」とお茶目な笑顔で話してくれたニルップさんは、世界中にクライアントを持つ人気サイキックリーダー。数あるセッションの中でもツーリストが気軽に受けやすいのが、タロット・リーディング。仕事や恋愛など聞きたいことを伝えて10枚のカードを選ぶ。質問によっては名前や誕生日からもエネルギーを読み取りながら、進むべき方向性や気持ちのあり方をアドバイスしてもらえる。サイキック能力を使って、その人の本質や深い感情をリーディングしたうえで助言をくれるので、その言葉は心にまっすぐ届いて励まされる。

質問に対して選んだカードが伝える声を順番に解説。占い初心者にもわかりやすい

＜予約先＞
ニルップ　Nirup
住　所　Plaza Del Oeste, 2756 West SR 89A,
　　　　Suite 9, Sedona, AZ 86336
電　話　(928) 300-8338
Eメール　readings@psychicnirup.com
Ｕ Ｒ Ｌ　http://psychicnirup.com/
営　業　9:30 ～ 18:30

＜料金＞ ※チップ別途
30分 $65、45分 $95、60分 $125、90分 $190

98

◆ ヒーリング・セレモニー

ミスティックツアーズ・ウィズ・ラヘリオ
Mystic Tours with Rahelio

シャーマンによる
本格的な儀式に癒される

　ネイティブアメリカンの伝統と、シャーマンの気質を受け継ぐラヘリオさんとボルテックスへ行き、セドナらしい神聖な儀式を受けるミスティックツアー。フルートや太鼓、羽などを用いて行われるのは、心のブロックを解放して深い癒しをもたらす、先住民伝統のセレモニー。祈りの歌や、ストレスや恐れにアクセスするという楽器の振動が全身に心地よく響いて、深いところから揺さぶられるような感覚を覚える。途中で体や手をはじくのは、悩みのもととなっているものを祓（はら）ってクリアにしているのだそう。終わった後は、たしかに心身がスッキリ！　ラヘリオさんの自宅の庭ではスウェットロッジも体験できる。

第4章　スピリチュアル＆ヒーリング

自作のスウェットロッジ。自然のエネルギーを含んだ蒸気で、体・心・魂を浄化する

＜予約先＞
ラヘリオ　Rahelio
電　話　（928）282-6735 /（928）593-9178
Eメール　rahelio@msn.com
U R L　http://www.rahelio.com/

＜料金＞　※チップ別途
ミスティックツアー　120分 1名$60〜、180分 1名$80〜
※ツアーの内容は、時間や場所、目的等によって異なるので事前に相談を
プライベート・ヒーリングセッション　60分 $110
スウェットロッジ　2人同時の場合1名$100、3人以上の場合1名$50

◆ スピリチュアル・カウンセリング ◆

クレッグ・ジュンジュラス
Craig Junjulas

セドナのヒーラーのリーダー的存在。オーラ視やオラクルカードなど手法はさまざま

ハートを解放して、潜在能力を呼び覚ます

　クレッグさんのセッションは、エネルギーを操って、オーラやスピリットからその人の前世や過去をリーディングし、自分らしさの妨げとなっている心のブロックを取り除いていくというもの。一方的にリーディングされるのではなく、自分でもオーラを見たり、スピリットガイドを感じたりするよううながされ、クレッグさんと一緒にエネルギーを高める体験ができる。こうしたエネルギーワークにはコツがいるが、誰でも習得できるものだとか。事前にホームページなどでイメージをつかんでおくとスムーズかもしれない。質問にも丁寧に答えてくれる。自分の可能性を広げて大きく成長したい人、スピリチュアルな能力を開花させたい人におすすめ。

＜予約先＞
クレッグ・ジュンジュラス　Craig Junjulas
電　話　(928) 282-8981
Eメール　craig@higherselfdiscovery.com
Ｕ Ｒ Ｌ　http://www.higherselfdiscovery.com/
営　業　11:00 ～ 17:00

＜料金＞ ※チップ別途
90分　$200

スピリチュアル・カウンセリング
ディビオ＆ラーマ
Divyo and Rama

第4章 スピリチュアル＆ヒーリング

心の核に迫り、絆や自信を取り戻す

　深いトラウマを癒したい、家族の複雑な問題を解決したい、といった一歩踏み込んだカウンセリングを求めている人に体験してほしいのが、ディビオさんの「ファミリー・コンステレーション」。Constellationとは星座の意味。星の配置のように、家族に見立てたクッションを配置していくことで、家族間の問題を表面化し、そこからその人が抱える悩みの原因や解決法を探っていくというもの。時には霊媒であるご主人のラーマさんが先祖の話を聞き、DNAや魂に刻み込まれた無意識のトラウマにも目を向ける。有名なマッサージセラピストでもあるディビオさんの質問は、絶妙に心のツボをついてきて、対話から得るカタルシスや気づきも大きい。

＜予約先＞
ディビオ＆ラーマ　Divyo and Rama
住　所　425 Flaming Arrow Way, Sedona, AZ 86336
電　話　(928) 204-2489
Eメール　info@counselingsedona.com
Ｕ Ｒ Ｌ　http://counselingsedona.com/
営　業　9:00 〜 19:00

＜料金＞　※チップ別途
120分 $180
※カップルや家族での予約も可。2名まで同一料金で受けられる。
3名以上は$200 〜。複数での参加を希望する場合は予約時に確認を

動いたり話したり、能動的なカウンセリング。
絆を深めたい夫婦や家族での参加も◎

101

おすすめデイスパ

セドナズ・ニューデイ・スパ
Sedona's New Day Spa

ウエストセドナ エリア　MAP⑲

ハーブの香りが心地いい、スウェットロッジ風のスチームエステ

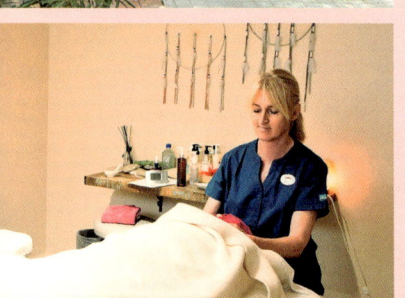

セドナらしさ満点！
技術とサービスも抜群

　ネイティブアメリカンの部族の名前がつけられた施術室、アリゾナ自生の植物を用いたオーガニックコスメ、伝統儀式をとり入れたトリートメントなど、セドナらしさ満点のデイスパ。スピリチュアルな癒し系から、美容・アンチエイジング系まで、メニューは豊富でスタッフの質も高い。中庭のジャグジーや、待合室のおいしいドリンク＆スナックなど、魅力的なサービスを満喫するためにも、予約時間には余裕をもって行くのがおすすめ。女性ひとりや、英語が苦手な人でも安心して利用できる。

壁にはドリームキャッチャーが。熟練セラピストによる仕上げのマッサージが最高！

Data
住　所　3004 West SR 89A, Sedona, AZ 86336
電　話　(928) 282-7502　Eメール　welcome@sedonanewdayspa.com
U R L　http://www.sedonanewdayspa.com/
営　業　9:00 〜 19:00（日曜は 10:00 〜）

おすすめデイスパ

スパ・フォー・ユー
A Spa For You ウエストセドナ エリア MAP⑳

施術で使われるオリジナルの天然コスメ。お土産にもいい

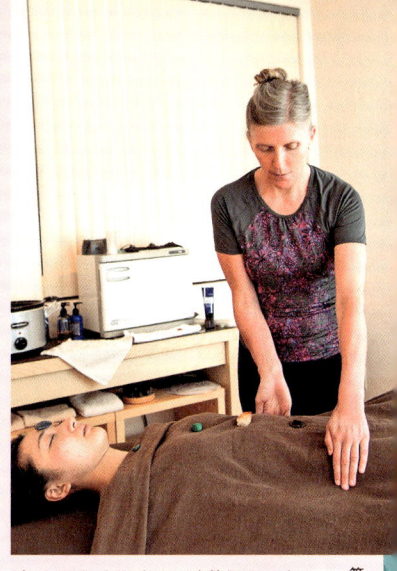

ジェムでチャクラバランスを整えているところ。スピ系ではないメニューもある

第4章 スピリチュアル＆ヒーリング

魂から癒される、アットホームなスパ

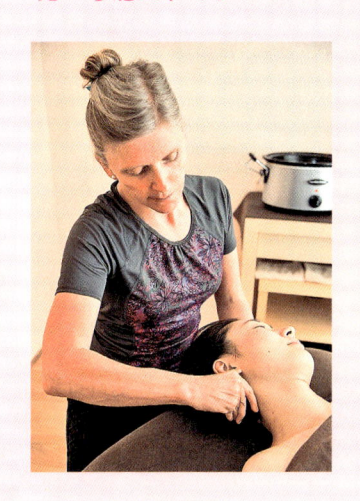

ジェムストーンやペンジュラム（振り子）を用いたスピリチュアルなトリートメントが有名。セラピストのテアさんがペンジュラムを揺らすと、不調を感じているところをピタリと当てられるから不思議だ。そこを重点的に癒すように、マッサージが始まる。その手はまさにゴッドハンド！ 手つきはソフトなのに、じんわり熱が広がって、体の内からモヤが晴れていくような感覚を覚える。肉体の一部を治すのではなく、心身と魂、全体のバランスを整えていく作業なのだという。日常生活へのアドバイスももらえる。

Data
住　所　30 Kayenta Court Suite #1, Sedona, AZ 86336
電　話　(928) 282-3895　Eメール　thea@aspaforyou.com
U R L　http://www.aspaforyou.com/
営　業　7:00 ～ 20:00（不定休なので必ず事前予約を）

おすすめデイスパ

アフターグロー・オブ・セドナ
Afterglow of Sedona

ヴィレッジ・オブ・オークリーク エリア　MAP㉑

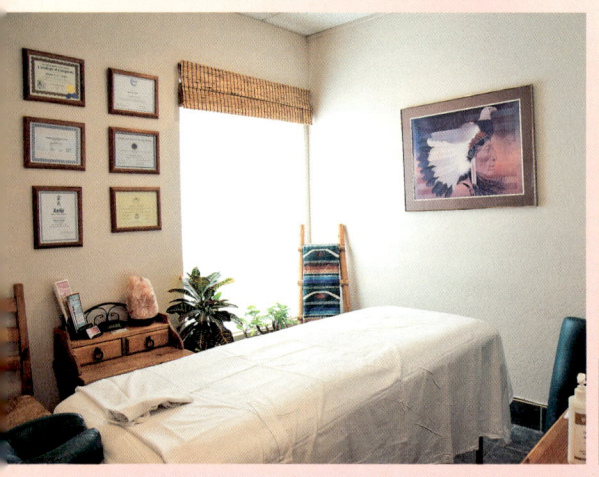

ベルロックエリアの評判スパ

　ヴィレッジ・オブ・オーククリークに滞在ならぜひ足を運びたいのがこちら。こぢんまりとした外観ながら5つのセラピールームを備え、ベテランのセラピストの施術が受けられる。ホットストーン、リフレクソロジー、アーユルヴェーダなどさまざまなマッサージメニューに加えて、レイキなどのヒーリングも。自分の内面を見つめたい人にはデニスさんが行うカウンセリングの「スピリチュアル・ウオーク」がおすすめ。

オーナーのデニスさんとロイスさん夫妻。あたたかい笑顔で迎えてくれる

ベルロックプラザの中にあるデイスパ。敷地内には人気のタイレストランやショップなども

Data
住　所　51 Bell Rock Plaza, Sedona, AZ 86351
電　話　(928) 284-1703
Eメール　afterglow@esedona.net
Ｕ Ｒ Ｌ　http://www.glow-now.com/
営　業　9:00 〜 17:00（日曜は 12:00 〜）

104

体験レポート 2

ジョハナさんが案内
大地のパワーを感じる
ヨガ&ハイキング

セドナでぜひ体験したいのがレッドロックのエネルギーを感じながらのヨガハイク。日本の女性誌でもおなじみのジョハナさんのツアーに参加した。

初心者でも大丈夫
大自然と一体化して
心の声を聞こう

　ジョハナさんのヨガハイクは参加者の希望に応じたボルテックスを訪れて行う。今回はジョハナさんお気に入りのデビルズキッチン・シンクホールと、セブン・セイクリッド・プールズ（P18）へ。目的地までのハイキングがちょうどいいウオーミングアップになる。シンクホールに執着を捨て、マントラを唱えながらの瞑想(めいそう)で心が落ち着いたところでポーズに入る。大自然の一部になる感覚が最高の癒しに！

瞑想タイムに入る前にアロマオイルの香りをかぎ、額の第3の目の辺りにつけてリラックス効果を高める

シンギングボールをお腹の上に載せてヒーリング

＜問い合わせ先＞
セドナ・スピリット・ヨガ&ハイキング Sedona Spirit Yoga & Hiking
電　話　(928) 282-9900　Eメール　yogalife@sedona.net
ＵＲＬ　http://www.yogalife.net/

105

Columun

気軽に体験！
ヨガクラス

セドナでは、心身がリラックスして集中力も高まるので、ヨガをするにはピッタリ！ホテルの朝ヨガに参加するのもいいが、気軽に体験できるクラスはいかが？地元で評判のヨガスタジオを訪ねてみた。

当日参加もOK！
初心者から上級者向けまでさまざまなクラスが

　ヨガの盛んなセドナではいろんなスタイルのヨガが行われているが、気軽に1レッスン15ドルで受けられるのがここ、ウエストセドナにあるセブン・センターズ・ヨガ・アーツ。瞑想や呼吸法を中心としたヨガからアクティブなハタヨガまで、バラエティーに富んだクラスがあるので、ヨガが初めてという人は事前に相談するといい。曜日ごとのスケジュールはホームページで確認を。ヨガマットやブランケット、ピローなども用意されている。セドナの澄んだ空気の中で五感をとぎすまし、自分の体と対話をする体験をぜひ！

ウエストセドナの丘の上に立つおしゃれなヨガスタジオ。中庭のドーム形のスタジオではワークショップなども

Data

セブン・センターズ・ヨガ・アーツ　7 Centers Yoga Arts
住　所　2115 Mountain Road, Sedona, AZ 86336
電　話　(928) 203-4400/Toll Free (877) 603-4400
Eメール　yoga@7centers.com
Ｕ Ｒ Ｌ　http://www.7centers.com/

第 5 章

セドナでショッピング

個性的なお店やギャラリーが並ぶセドナ。
自然派コスメやカラフル雑貨、パワーストーンアクセなど
パワーがつまったお土産を手に入れよう！

※ショップはとくに記載がなければ無休。
ただし多くのお店が感謝祭とクリスマスは休業

SEDONA'S SHOPPING
聖地のパワーがつまってる!
セドナのお土産いろいろ

クリスタルやネイティブアメリカンのクラフトなど、セドナのお土産との出合いは一期一会。いつもそばに置いて、セドナのエネルギーと結びつけてくれるような、とっておきの品を見つけ出したい。買ったものは、ボルテックスでエネルギーチャージをして、ラッキーアイテムに! こわれやすいものや液体も多いので、緩衝材や防水の袋を持っていくと安心。

パワーストーン&アクセサリー

セドナにはクリスタルショップがいっぱい。選び方はスタッフが相談にのってくれるので、まずはフィーリングの合うお店探しから。お手入れ方法もよく聞いて。買ったパワーストーンはレッドロック・クロッシングの川で清めてパワー倍増!

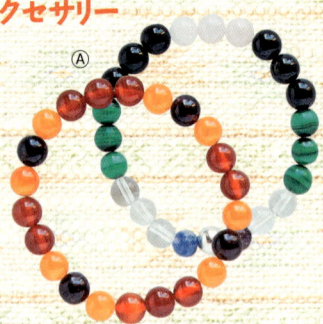

浄化スプレー

体や部屋にシュッとひと吹き。オーラがクリアになり気分すっきり! 浄化ハーブのセージを使ったものが多いが、香りや成分はお好みで。パワーストーンの浄化にも使える

ナチュラルコスメ&バスソルト

セドナの赤土から作られたクレイパックや、ミネラルたっぷりのバスソルトなど、自然のエネルギーがつまったコスメは美肌効果抜群! スパで販売されているオリジナルコスメも質の高いものが多い

Ⓐ ボディブリス・ファクトリーダイレクト (P110) Ⓑ ミスティカル・バザール (P112) Ⓒ クリスタル・マジック (P112)

アロマオイル

ボルテックスのパワー入り、アリゾナの植物から抽出されたもの、チャクラごとに分けて作られたものなど、驚くほど多種多様。効用で選ぶか？ 香りや見た目で選ぶか？ 自分にぴったりなアロマを選ぶには、インスピレーションが大事！

ネイティブアメリカングッズ

ドリームキャッチャーは悪夢から守ってくれるお守り。大きな壁かけサイズから、ピアスまでさまざま。ホワイトセージは、儀式のスタートに欠かせない浄化の道具。これをたいて、スマッジングフェザーと呼ばれる鳥の羽であおぐ

オーガニックフード

食べ物のパワーを重視する人が多いセドナはオーガニックフードの宝庫。写真はショコラトリー（P83）で購入した砂漠の植物アガベのシロップを使ったグラノーラ。プリックリーペア（ウチワサボテン）のスイーツもおいしい

笛を吹いて豊穣と幸運をもたらすコ コペリはセドナのアイコン的存在

ホーリークロス教会のショップで買えるオーナメント。十字架アイテムもいろいろ

ナバホ柄のランチョンマット。テラカパキ（P117）のクチーナセドナで

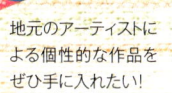

カラフル雑貨

輝く太陽、青い空に映えるレッドロック。陽気な色彩の雑貨たちは、そんなセドナの大自然そのものを思い出させてくれる。ドリームキャッチャーやココペリは色合いによってかなり雰囲気が変わるので、自分らしいものを見つけて！

地元のアーティストによる個性的な作品をぜひ手に入れたい！

アリゾナはメキシコに近いので、メキシカンのポップな雑貨や食器がたくさん見つかる

第5章　セドナでショッピング

Ⓓ アートマート・ギャラリー (P113)　Ⓔ カチーナ・ハウス (P113)　Ⓕ メキシドーナ (P114)　　109

SEDONA'S SHOPPING

ボディブリス・ファクトリーダイレクト
Body Bliss Factory Direct

アップタウン エリア　MAP㉒

オーナーのチャンダ・シュミットさん（写真右）とアジージャ・シェーファーさんは大の日本好き。親切に商品の説明をしてくれる。お土産にうれしいミニサイズも豊富

メイド・イン・セドナの
ナチュラルコスメ&ジュエリー

人気スパブランド「ボディブリス」の直営店。セドナの自然とパワーがつまったバスソルトやミスト、パワーストーンなど、幅広いヒーリンググッズがぎっしり並ぶ。オーナーでサイキックのチャンダさんが手作りするエナジー・ジュエリーは、クリスタルがパワフルでデザインも魅力的。奥のセラピールームでは、石やアロマを使ったリーディングセッション（P94）のほか、フットトリートメント、アロママッサージも。

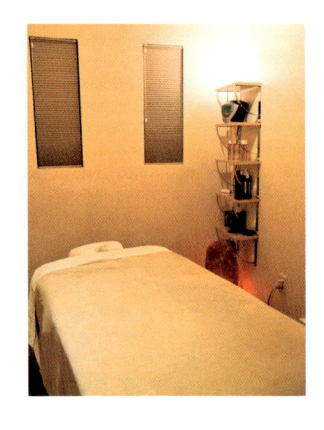

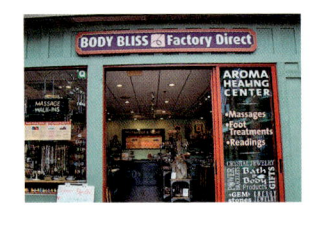

DATA
住所　Sinagua Plaza, 320 North SR 89A, Suite Q, Sedona, AZ 86336
電話　(928) 282-1599
URL　http://www.bodyblissfactorydirect.com/
営業　3〜10月 9:30〜20:00（日曜は〜19:00）
　　　11〜2月 10:00〜19:00（日曜は〜18:00）

SEDONA'S SHOPPING

ジョー・ウィルコックス・インディアン・デン
Joe Wilcox Indian Den

アップタウン エリア　MAP㉒

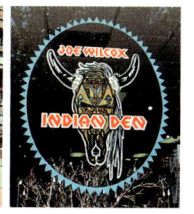

お土産探しにピッタリ
アリゾナアイテムの宝庫

ベルトや時計、帽子など、あらゆるインディアン・アクセサリーやウエスタン調の雑貨がそろうお店。日本よりお安いミネトンカの靴は見逃せない。旅行初日に行って、セドナ気分を高めるコーディネートを楽しむのもおすすめ。お手頃な価格のアリゾナらしいお土産品も豊富。

DATA
住所　Sinagua Plaza, 320 North SR 89A, Suite J, Sedona, Arizona 86336
電話　(928) 282-2661/Toll Free (866) 274-5008
URL　http://www.joewilcoxsedona.com/
営業　9:30 〜 20:00（日曜は 〜 18:00）
※冬季は営業時間が変わることがあるのでお店に要確認

SEDONA'S SHOPPING

セドナ・クリスタルボルテックス
Sedona Crystal Vortex

アップタウン エリア　MAP㉓

評判の石専門店
パワーストーン好きは必見！

質の高さが評判のクリスタル専門店。とくにローズクオーツが人気。石を飾る習慣のない人も、アクセサリーやオーナメントなど親しみやすいグッズが見つかる。奥の部屋ではサイキックのメアリーさん（P95）などによるリーディングセッションや、マッサージなども受けられる。

DATA
住所　270 North SR 89A, Sedona, AZ 86336
電話　(928) 282-3388/(928) 282-3543
URL　http://www.sedonacrystalvortex.com/
営業　9:00 〜 20:00

第5章　セドナでショッピング

111

SEDONA'S SHOPPING

ミスティカル・バザール
Mystical Bazaar

ウエストセドナ エリア　MAP㉔

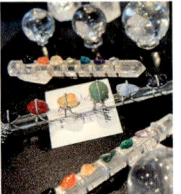

パワフルな石に感激！
リーディングやツアーも

サイキックでもあるオーナーが厳選した、「これぞパワーストーン」と感じる石が店内でキラキラと輝いている。チャクラのバランスを整えるジュエリーやアロマオイルが充実。実力派のサイキックによるリーディングやボルテックスハイキングツアー（P24）、オーラ写真なども人気。

DATA
住所　1449 West SR 89A, Sedona, AZ 86336
電話　(928) 204-5615
URL　http://www.mysticalbazaar.com/
営業　9:00 〜 21:00

SEDONA'S SHOPPING

クリスタル・マジック
Crystal Magic

ウエストセドナ エリア　MAP㉕

地元ヒーラー御用達
スピリチュアル店の代表格

セドナ在住のヒーラーたちが愛用する石やタロット、CDなどがずらり。本格的なスピグッズが日本よりずっと手頃な価格で買える。セージスプレーなど浄化用品も豊富。店内は明るく、スピ系初心者も入りやすい。広くて商品が多いので、たっぷり時間をとって訪れたい。

DATA
住所　2978 West SR 89A, Sedona, AZ 86336
電話　(928) 282-1622
営業　月〜土曜 9:00 〜 21:00（日曜は 〜 20:00）

アートマート・ギャラリー
Art Mart Gallery

ウエストセドナ エリア　MAP㉖

注目アーティストの
最新作がチェックできる

セドナらしい手頃なお土産から本格アートまで、アリゾナのアーティストの作品がブースごとに展示販売されている。インディアン・ジュエリーやドリームキャッチャー、天使や十字架のオブジェなど、定番のお土産も製作者によってさまざまで、一度に見て回れるのが楽しい。

DATA

住所	2081 West SR 89A, Suite 11, Sedona, AZ 86336
電話	(928) 203-4576
URL	http://www.artmartgallery.com/
営業	10:00～18:00（日曜は 11:00～）

カチーナ・ハウス
Kachina House

ウエストセドナ エリア　MAP㉗

ネイティブの文化に
触れる本物の作品がずらり

陶器やカチーナ（ホピ族の神様）の人形、ドリームキャッチャーなど、ネイティブアメリカンの作品がそろう。彼らの奥深い文化を知ることができて、まるで資料館にいるよう。お土産品から芸術作品まで価格帯は幅広いが、どれもオーナーの審美眼が光る上質なものばかり。

DATA

住所	2920 Hopi Drive, Sedona, AZ 86336
電話	(928) 204-9750/Toll Free (866) 587-0547
URL	http://www.kachinahouse.com/
営業	月～金曜 8:30～16:30、土曜 8:30～14:30、日曜 10:00～14:00

第 5 章｜セドナでショッピング

113

SEDONA'S SHOPPING

メキシドーナ
Mexidona

ウエストセドナ エリア　MAP㉘

メキシコから直輸入
カラフル雑貨に心おどる

オーナーがメキシコから買いつけてきたカラフルな雑貨や家具が並ぶインテリアショップ。調味料入れや食器などキッチン雑貨もかわいい。梱包をしっかりしてくれるので、お気に入りを見つけたらぜひ連れて帰って。メキシコのアーティストによる一点もののクラフトも。

DATA
住所　1670 West SR 89A, Sedona, AZ 86336
電話　(928) 282-0858
URL　http://www.mexidona.com/
営業　10:00 ～ 17:00

SEDONA'S SHOPPING

ホールフーズ・マーケット・セドナ
Whole Foods Market Sedona

ウエストセドナ エリア　MAP㉙

デリもグッズも全部
ナチュラル&ヘルシー

自然志向の大型スーパーマーケット。オーガニックフードからナチュラルコスメまで体が喜ぶものがたくさん。野菜たっぷりのデリは朝食やランチに利用したい。コスメコーナーにはフラワーエッセンスやオーラスプレーなど、お土産にぴったりのセドナらしい商品が。

ボルテックスのエネルギーをチャージしたスプレーを発見！

DATA
住所　1420 West SR 89A, Sedona, AZ 86336
電話　(928) 282-6311
URL　http://www.wholefoodsmarket.com/stores/sedona
営業　月～土曜 8:00 ～ 21:00（日曜は ～ 20:00）

SEDONA'S SHOPPING

ガーランズ・インディアン・ジュエリー
Garland's Indian Jewelry

オーククリーク・キャニオン エリア　MAP㉚

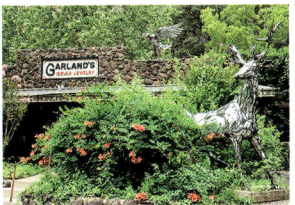

自分へのお土産に
上質ターコイズに出合える

オーククリーク・キャニオンにあるインディアン・ジュエリーの専門店。オーナーのガーランド夫妻が厳選したアクセサリーは、石もデザインもハイクオリティー。種類が豊富でディスプレーも素敵。セドナの特別な思い出に本物のターコイズが欲しい人はぜひ訪れて！

DATA

住所　3953 North SR 89A, Sedona, AZ 86336
電話　(928) 282-6632
URL　http://www.garlandsjewelry.com/
営業　10:00～17:00

SEDONA'S SHOPPING

ホールズ・インディアン・ショップ
Hoel's Indian Shop

オーククリーク・キャニオン エリア　（地図外）

うっとりする美しさ
高級ジュエリーとクラフト

オーククリークの森の中にひっそりとたたずむ、ネイティブアメリカンの作品を扱う高級店。1945年の開店以来、その品質の高さは世界中のコレクターやバイヤーから信頼を集めている。現在は、創業者夫妻の孫であるデイヴィッドさんとキャロル夫人が看板を守る。

DATA

住所　9589 North SR 89A, Sedona, AZ 86336
電話　(928) 282-3925
URL　http://hoelsindianshop.com/
営業　9:30～17:00
　　　（不定休なので来店前に要確認）

第5章｜セドナでショッピング

SEDONA'S SHOPPING

ターコイズ・トータス・ギャラリー
Turquoise Tortoise Gallery

ビロー・ザ・ワイ エリア　MAP㉛

ギャラリーならではの芸術的なターコイズアクセ

個性的なターコイズアクセサリーを探すならここ。179号線沿いのアートモール「HOZHO（ホーゾー）」の中にある、ネイティブアメリカンの作品をメインにしたギャラリーで、目を引くデザインのターコイズが並ぶ。ジュエリー以外の作品やほかのギャラリーもゆっくり見て回りたい。

DATA
住所　Hozho Center, 431 SR 179, Sedona, AZ 86336
電話　(928) 282-2262
URL　http://www.turqtortsedona.com/
営業　10:00 〜 18:00（日曜は 〜 17:00）

SEDONA'S SHOPPING

ヒルサイド・セドナ
Hillside Sedona

ビロー・ザ・ワイ エリア　MAP⑰

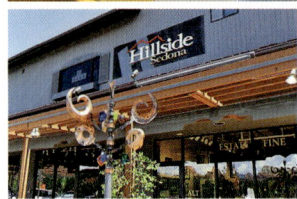

アートなセドナを楽しむギャラリーモール

高台にユニークなギャラリーやショップが集まったアートモール。広い敷地のあちこちに飾られた、色とりどりのオブジェがかわいい。ぶらぶら歩きながら気になったギャラリーのアーティストと話をしたり、のんびりと見晴らしを楽しんだり。一点ものとの運命的な出合いがあるかも。

DATA
住所　671 SR 179, Sedona, AZ 86336
電話　(928) 282-4500
URL　http://www.hillsidesedona.net/
営業　10:00 〜 18:00（ショップにより多少異なる）

SEDONA'S SHOPPING

テラカパキ・アーツ&クラフツヴィレッジ
Tlaquepaque Arts & Crafts Village

ビロー・ザ・ワイ エリア　MAP ⑧

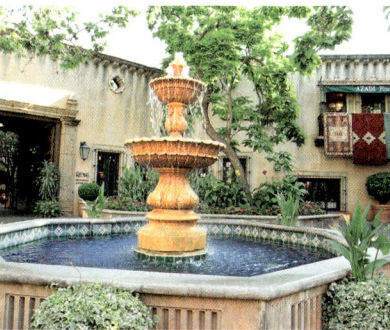

セドナの魅力がつまった
癒しのショッピングモール

緑の木々や水のモニュメントがあふれる、雰囲気のいいショッピングモール。いわゆるブランド店ではなく、セドナらしいこだわりのショップやギャラリー、レストランが40店以上集まっている。ふと目に入る看板や壁、ゴミ箱に至るまで、美しいタイルでデザインがほどこされていてテーマパークにいるような気分。広いので、最初にインフォメーションに寄ってマップをもらうと便利だが、あえて気の向くまま歩いたほうが、思わぬ発見や素敵な掘り出し物がありそう!

メキシコのグアダラハラの古い町並みを再現。洋服やキッチン雑貨など自宅に持ち帰ってもセドナを感じられるような物ばかり。ホッとできる休憩スポットも充実している

DATA

住所　336 SR 179, Sedona, AZ 86336
電話　(928) 282-4838
URL　http://www.tlaq.com/
営業　10:00～17:00 (ショップにより多少異なる)

第5章　セドナでショッピング

117

体験レポート 3

ゆったりと流れる時間…
心をリセットする
「目的地のない列車の旅」

セドナ滞在中に足をのばして、ぜひ体験してほしいのがこの列車の旅。緑豊かなヴェルデキャニオンの渓谷に沿って走り、大自然のパノラマを満喫する。心身ともにリフレッシュできる、とっておきのプランだ。

「何もしない贅沢」を味わえる旅

　セドナから車で約45分のところにある町クラークデール。ここからヴェルデキャニオン鉄道という観光列車が出ていて人気を集めている。1900年代、銅鉱山が盛んだった頃に使われていた線路を利用したもので、キャッチコピーが「It's not the destination, it's the journey.」つまりどこかへ「移動する」のが目的ではなく、往復約3時間半の「道のり」を楽しむ列車の旅。

　分刻みで慌ただしく名所を回るのではなく、ありのままの自然と、何もしないという贅沢な時間を味わえる、極上の小旅行だ。

快適な車内ではアリゾナの地ビールや、オリジナルカクテルも楽しめる

デッキから間近に見るレッドロックの山並みは大迫力! 冬はアメリカの国鳥ホワイトイーグルに会えることも

　車内では談笑したり、ワインやカクテルを楽しんだりと、みなが思い思いに時間を満喫。窓の外には雄大な赤い山々、果てしない緑の大地、野生の動植物……刻一刻と変わる風景は見飽きることがない。デッキに出れば太陽の熱と渓谷を吹き抜ける風をじかに感じられる。そして列車は終着点へ。降車するわけではないのでドアは開かず、来た線路を戻ってくる。

　行きでは昇っていった太陽が少しずつ傾いていくさまを目にすれば、「地球は回っている」という当たり前の事実に気づかされる。「都会の日常」から離れて「地球の日常」を感じられる、特別な3時間半となるはず。

ファーストクラスはオードブルとグラスシャンパン付き。車内でリラックスして味わえる最高の贅沢!

＜問い合わせ先＞
ヴェルデキャニオン・レイルロード
電　話　(928) 639-0010/Toll Free (800)293-7245　Eメール info@verdecanyonrr.com
Ｕ Ｒ Ｌ　http://www.verdecanyonrr.com/

＜料金＞
ファーストクラス　$79.95
コーチ（普通車両）　大人（13〜64歳）$54.95　シニア（65歳以上）$49.95
子ども（2〜12歳）$34.95　※2歳以下は無料

119

基本情報

🌸 日本からのフライト

日本からの直行便はないので、ロサンゼルスやサンフランシスコなどで乗り継ぎをしてフェニックスへ。成田空港から、乗り継ぎ時間を入れて約13～14時間。

＜フェニックス・スカイハーバー国際空港＞ Phoenix Sky Harbor International Airport
電話 (602) 273-3300　http://www.phxskyharbor.com/

🌸 時 差

セドナは日本時間マイナス16時間（＝日本時間に8時間プラスして、1日マイナスすればいい）。サマータイムは採用していない。また、アメリカ国内での時差にも注意。

🌸 気 候

年間を通して、朝晩と日中で寒暖の差が激しいので、服装は「重ね着」が基本。夏は日差しが強く、日焼け止めと帽子が必須。冷房対策にジャケットがあると便利。冬は雪が降ることもあるので、コートが必要。乾燥しているアリゾナでは、活発に動いていなくても、気づかないうちに体から水分が蒸発しているので、常に水分の補給を！　ハイシーズンは3月～5月、9月中旬～10月。

🌸 通 貨

USドル dollar（$）とセント cent（¢）。$1＝100¢。

● チップ

レストランやタクシー、ツアーガイド、スパでのトリートメント、占いやヒーリングなどのセッションには、合計金額の15～20％のチップを。ホテルのベルボーイには荷物1個に$1が目安。チップを手渡す際は、硬貨ではなく必ず紙幣で。

● 両 替

セドナのホテルでは、円からドルへの両替ができない。銀行も Chase Bank 以外では、口座を持っていない限り両替できないので、日本からUSドルを持っていくこと。また、クレジットカードは必須。

＜ Chase Bank ＞　1300 West SR 89A, Sedona, AZ 86336　電話 (928) 282-4127
※両替をする金額により、手数料（$5～）がかかる

🌸 電圧とプラグ

アメリカの電圧は120Vで、プラグは2つまたは3つ穴タイプ。日本は100V なので、電圧が低いものならそのまま使えるが、長時間使用する際は変圧器が必要。

🌸 ビザとESTA

90日以内の渡航ならビザは不要だが、ESTA（電子渡航認証）が必要。
米国大使館のホームページから申請できる。
http://japanese.japan.usembassy.gov/

☀ 電 話

●**日本からセドナへ**　例：(928) 123-4567 にかける場合

| 電話会社の識別番号※ | － | 010 | － | 1 | － | 928-123-4567 |

　　　　　　　　　　　　　国際電話識別番号　アメリカの国番号

※KDDI（001）、NTTコミュニケーションズ（0033）、ソフトバンクテレコム（0061）
　マイライン、マイラインプラスに登録している場合は不要

●**セドナから日本へ**　例：(03) 3535-2393 にかける場合

| 011 | － | 81 | － | 市外局番から0を取る | 3-3535-2393 |

国際電話識別番号　日本の国番号

クレジットカードの場合、カードをバー読み取り部分にスライドし「ダイヤルをどうぞ」のアナウンスが聞こえたら1をダイヤルし、次に上記の番号をダイヤルする

セドナが初めての人へ！ 旅のプロからアドバイス

① 航空会社選び

アメリカの国内線は、国際線以上に、時間変更やフライトキャンセルが頻繁にあります。国際線と国内線は、同一航空会社または同アライアンス（スカイチーム、ワンワールド、スターアライアンスなど）での予約をしましょう。とくにアメリカ系の同一航空会社での予約は、国際線の時間変更やフライトキャンセルのときに、対応してくれる場合があります。他航空会社との組み合わせの場合は、遅れて乗り継げない際には、国内線チケットは無効になってしまいます。

② 乗り継ぎ時間

乗り継ぎには、ミニマムコネクティングタイム（最低乗り継ぎ時間）が設定されていますが、実際には国際線到着の空港で、「入国審査→受託荷物の受け取り→税関検査→荷物の再預け→ターミナル移動→国内線のセキュリティーチェック→出発ゲートへの移動」を行いますので、実際には乗り継ぎに間に合わないことが多々あります。航空券購入時には、乗り継ぎ時間に余裕があるフライト選びをおすすめします。

③ 時差対策

到着初日は十分な睡眠をとり、朝起きたら太陽の光を浴びて、体内時計の調整を。熱めのシャワーを浴びるのもおすすめです。セドナの強い磁場の影響で気あたりする方もいますので、初日、2日目はスケジュールを詰め込みすぎないように滞在計画を立てましょう。

　　　　　　　　　（株式会社BLESSトラベルアドバイザー　中嶋美紀さん）

●**セドナ旅行に関する予約・問い合わせ**
株式会社 BLESS
電話 (03) 5778-7199　Eメール sedona@bless-inc.com
個人旅行のプランニング、ヒーラーの紹介や手配、日本語通訳のアレンジなど、
セドナ旅行のコーディネーションを行います。

121

空港からセドナへ

<セドナ周辺マップ>

フェニックス空港からセドナまでは、レンタカーや空港シャトル、プライベートチャーターなどで、約2〜2.5時間で到着。
レンタカーは、空港内には12社が営業している。フェニックスから1-17号線を北へ向かい、Exit298を左折して179号線に入り、ヴィレッジ・オブ・オーククリークを過ぎて15分ほどで、セドナのThe"Y"（ザ・ワイ）と呼ばれる交差点に着く。

ハーツレンタカー（日本での予約先）
電話 (0120) 489-882
http://japan.hertz.com/

✹ 空港シャトル

● **アリゾナ・シャトル**　Arizona Shuttle

電話 (928) 282-2066／Toll Free (800) 888-2749
http://www.arizonashuttle.com/
インターネット予約：片道$49、電話予約：片道$51（チップ別途）

フェニックス空港〜セドナの間を往復。所要時間は約2時間30分。バゲージクレームのそばにブースが。ルートは、フェニックス空港─キャンプ・ヴェルデ─コットンウッド─ウエストセドナ（Sedona Super 8 Motel）─ ヴィレッジ・オブ・オーククリーク（La Quinta Inn Sedona）。インターネットまたは電話での予約が必要。

空港からセドナ

空港発	ウエストセドナ着
6：15	9：00
7：45	10：30
9：15	12：00
10：45	13：30
12：15	15：00
13：45	16：30
15：15	18：00
16：45	19：30
18：15	21：00
19：45	22：30
21：15	0：00
22：45	1：30
0：15	3：00

セドナから空港

ウエストセドナ発	空港着
2：35	5：00
4：05	6：30
5：35	8：00
7：05	9：30
8：35	11：00
10：05	12：30
11：35	14：00
13：05	15：30
14：35	17：00
16：05	18：30
17：35	20：00
19：05	21：30
20：35	23：00

※別料金でピックアップ、ドロップオフの場所を指定することも可能。詳細は上記ホームページを参照
※ハイシーズンは早めに予約を。ただし空席があれば、予約なしでも乗せてくれる

● セドナ・ホテルシャトル・サービス　Sedona Hotel Shuttle Service

電話 (928) 203-9300　info@sedonahotelshuttle.com
http://www.sedonahotelshuttle.com/
片道 $61 〜 68、往復 $116 〜 124（チップ別途）

フェニックス空港と、セドナの指定ホテル間を1日6往復。メールか電話で予約を。停車ホテルは、アップタウンのル・オーベルジュ、アマーラホテル、オーチャーズイン、ベストウエスタン・アロヨローブリ、マッターホルン、ザ・ワイの交差点南のエル・ポータル、ロス・アブリガドス、ウエストセドナのセドナ・ルージュホテル、セドナレアル、ココペリスイーツ、ベストウエスタン・イン・オブ・セドナ、エンチャントメント・リゾートなど

🌿 プライベートチャーター

自分の指定する場所・時間で、ピックアップとドロップオフをアレンジできる。空港〜セドナ間の移動以外でもチャーター可能。いずれも要予約。（料金はすべてチップ別途）

● レッドロック・トランスポーテーション
Red Rock Transportation

電話 (928) 593-9672
info@redrocktransportation.com
http://www.redrocktransportation.com/
オーナーのエドさんが自ら運転。セドナの町の情報も教えてくれる。グランドキャニオンやラスベガスなど、観光地への長距離チャーターにもおすすめ。

● セドナ・クイックライズ
Sedona Quickrides

電話 (928) 301-9251
info@sedonaquickrides.com
http://www.sedonaquickrides.com/
オーナーのスティーブさん自慢の快適なタウンカーでの送迎サービス。セドナ市内の移動や、長距離でもチャーターできる。

● ホワイトタイ・トランスポーテーション　White Tie Transportation, Limousine & Tours
電話 (928) 203-4500 / Toll Free (800) 795-5821　reservations@whitetietransportation.com
http://www.whitetietransportation.com/
リムジンまたはタウンカーでの送迎サービス。サービスがよくて快適。セドナ市内の移動でもチャーターできる。

● アリゾナ-セドナ・トラベル&ツアーズ　Arizona-Sedona Travel&Tours LLC
電話 (928) 649-0000　info@limosedona.com　http://www.limosedona.com/
タウンカー、リムジン、ミニバスなど各種車両での送迎サービス。セドナ市内の移動、長距離も可。

セドナ市内の移動

セドナには、ヴェルデ・リンクス以外の公共交通機関がないので、レンタカーが便利。近距離の移動には、マウンテンバイクのレンタルもおすすめ。123ページで紹介したクイックライズや、ホワイトタイ・トランスポーテーション、アリゾナ-セドナ・トラベル&ツアーズは、セドナ市内を移動するためにチャーターすることも可能。

❊ レンタカー

● **ハーツレンタカー**（ウエストセドナ） Hertz Rent-A-Car
電話 (928) 282-0878　住所 3009 West SR 89A, Suite 2, Sedona, AZ 86336
http://www.hertz.com/
営業　月～金曜 8:00～17:00、土曜 9:00～16:00（日曜休）

● **エンタープライズ・レンタカー**（ウエストセドナ） Enterprise Rent-A-Car
電話 (928) 282-2052　住所 2090 West SR 89A, Sedona, AZ 86336
http://www.enterprise.com/
営業　月～金曜 8:00～18:00、土曜 9:00～12:00（日曜休）

❊ マウンテンバイクのレンタル

● **アブソリュート・バイク**（ヴィレッジ・オブ・オーククリーク） Absolute Bikes
電話 (928) 779-5969　住所 6101 SR 179, Suite C, Sedona, AZ 86351
http://www.absolutebikes.net/
営業　3/1～10/31　月～金曜 8:00～18:00、土曜～17:00、日曜～14:00
　　　11/1～2/28　月～金曜 9:00～18:00、土曜～17:00、日曜 10:00～14:00

● **セドナバイク&ビーン**（ヴィレッジ・オブ・オーククリーク） Sedona Bike & Bean Inc.
電話 (928) 284-0210　住所 6020 SR 179, Sedona, AZ 86351
http://www.bike-bean.com/
営業　8:00～17:00

❊ タクシー（流しのタクシーはないので、電話での手配になる）

アップタウン～ヴィレッジ・オブ・オーククリーク ………… 約$20 ＋チップ
ウエストセドナ～ヴィレッジ・オブ・オーククリーク ……… 約$25 ＋チップ
アップタウン～ウエストセドナ ……………………………… 約$10 ＋チップ

● **オールシティー・タクシー**　All City Taxi
電話 (928) 821-1370（日中）、(928) 284-8232（夜間）

● **セドナ・クイックライズ**　Sedona Quickrides
電話 (928) 301-9251

❋ ヴェルデ・リンクス　Verde Lynks

電話 (928) 634-2287　http://www.verdelynx.az.gov/
セドナと隣町のコットンウッドを結ぶシャトルサービス。6:00 ～ 19:00 まで、コットンウッド～セドナ間を運行。乗車1回につき$2。時刻表などの詳細はHP に。

❋ セドナトローリー　Sedona Trolley

電話 (928) 282-5400　http://www.sedonatrolley.com/
1ルート$15、2ルート$25
チケット購入時に追加料金を支払い、ハイキングなどのために途中下車を手配することも可能。(ただし午前発のツアーに限る)

●Aコース（セドナ・ハイライトツアー）アップタウン―ハイアット・ピニョンポイント―テラカパキ―チャペル・オブ・ザ・ホーリークロス―ヒルサイド・セドナ―アップタウン

※ チャペル・オブ・ザ・ホーリークロスでは約20分間停車。　午前10時発のツアーに限り、チャペル周辺のハイキングトレイルを歩き、2時間後または4時間後のツアーで、アップタウンに戻ることが可能。(チケット購入時に申し込んで、追加料金を支払う)

●Bコース（セブン・キャニオン・シーニックツアー）アップタウン―ハイアット・ピニョンポイント―ハンプトン・イン―エンチャントメント・リゾート―アップタウン

※ポイントキャニオンの入り口にあるエンチャントメント・リゾートで折り返すツアー。午前9時と11時発のツアーに限り、トレイルヘッドで降ろしてもらい、2時間後、もしくは4時間後のツアーでアップタウンに戻ることが可能。(チケット購入時に申し込んで、追加料金を支払う)

> <レンタカーを運転する際の注意点>
> セドナの179号線には、信号の代わりにラウンドアバウト(ロータリー)の交差点がたくさんある。車を運転する際には、反時計回り(一方通行)を厳守。ほかの車に道をゆずったり止まったりしないのが原則。

セドナ観光局 アップタウン・ビジターセンター
Sedona Chamber of Commerce Uptown Visitor Center

住所 331 Forest Road, Sedona, AZ 86336
電話 (928) 282-7722 / Toll Free (800) 288-7336
営業 8:30 ～ 17:00
(感謝祭、クリスマスは休業)

まずはこちらで情報収集！地図やツアーのパンフレットなどが豊富にそろっている。お得なクーポンブックの「セドナ・スーパーパス」($6) も販売

●セドナ商工会議所観光局ホームページ (日本語)
http://visitsedona.com/japanese/

★ ボイントンキャニオン

🌵 アップタウンセドナ UPTOWN SEDONA
カフェやショップ、ツアーデスクなどが並ぶ、にぎやかなエリア。
オーククリーク沿いには高級リゾートが

🌵 ウエストセドナ WEST SEDONA
地元の人々の生活エリア。人気のレストランやこだわりのショップ、
スーパーマーケット、隠れ家デイスパなどがある

🌵 ビロー・ザ・ワイ BELOW THE "Y"
ザ・ワイの交差点の南のエリア。テラカパキやヒルサイドセドナなどの
ギャラリーモールでショッピングが楽しめる

🌵 ヴィレッジ・オブ・オーククリーク VILLAGE OF OAK CREEK
ベルロックから南のエリア。レッドロックを間近に眺められるホテルや、
ショッピングプラザ、アウトレットなども点在

セドナタウンMAP
●…ホテル、B&B
●…レストラン、カフェ
●…デイスパ
●…ショップ、ギャラリー
フラッグスタッフへ↑
30
ブライヤー・パッチ・イン K
オーククリーク
89A
ジョーダン
ロード
アップタウンセドナ
UPTOWN SEDONA
F ベストウエスタン・プラス
アロヨローブリホテル
セドナトローリー
アップル・アベニュー
1
2
23
22
アップタウン・
ビジターセンター
4
3
C アマーラリゾート&スパ
フォレスト・ロード
G
B ル・オーベルジュ・ド・セドナ
5
ザ・ワイ THE "Y"
オーチャーズ・イン
ローベルジュ
レーン
ピンクジープツアー
7
ソルジャー
パス・ロード
ポッセ
グラウンド
ロード
ベストウエスタン
プラス・イン・オブ
セドナ
H
29
12
24
89A
エアポート
ロード
ブリュワー
ロード
M
8
テラカパキ
シェネブリーヒル
ロード
エル・ポータル
セドナ
エアポートメサ
ザ・ハイクハウス
31
スカイランチ
ロッジ
E
6
セドナ空港
ビロー・ザ・ワイ
BELOW THE "Y"
17 ヒルサイドセドナ
I アラベラホテル・セドナ
179
ポコ・ディアブロ・リゾート J
オーククリーク
クリフス・ドライブ
チャペル・オブ・
ザ・ホーリークロス
バック・オー・ビヨンド・ロード
チャペル・ロード
カセドラルロック
キャニオン
サークル・ドライブ
ベルロック
アドビ・ヴィレッジ
グラハム・イン N
ベルロック・プラザ
21
18
ベルロック
ブールバード
アブソリュート・バイク
ヴィレッジ・オブ・
オーククリーク
VILLAGE OF OAK CREEK
179
キャッスルロック・プラザ
オーククリーク・ファクトリーアウトレット
ヴェルデバレー
スクール・ロード
ジャックスキャニオン・ロード
ヒルトンセドナ
リゾート&スパ D
↓フェニックスへ

カバーデザイン	こやまたかこ
本文デザイン	鈴木ユカ
写真撮影	泉山美代子
イラスト	小出真朱
執筆協力	Aya Tsuyuki

取材協力	セドナ商工会議所観光局(Sedona Chamber of Commerce Tourism Bureau)
Special Thanks	佐渡祥子(セドナ商工会議所観光局)、中嶋美紀(株式会社BLESS) 木内敬子、山田奈緒子
企画編集	高森玲子(実業之日本社 Spitravel編集部)

※本書に掲載のデータは2015年4月のものです

聖地を歩く・食べる・遊ぶ
セドナ最新ガイド

2015年4月16日　初版第1刷発行

編　者	Spitravel(スピトラベル)
発行者	増田義和
発行所	実業之日本社 〒104-8233　東京都中央区京橋 3-7-5 京橋スクエア 【編集部】03-3535-2393【販売部】03-3535-4441 実業之日本社のホームページ　http://www.j-n.co.jp/
印　刷	大日本印刷株式会社
製本所	株式会社ブックアート

© Jitsugyo no Nihonsha
ISBN978-4-408-11136-0　2015 Printed in Japan
乱丁・落丁の場合はお取り換えいたします。(学芸)

実業之日本社のプライバシーポリシー(個人情報の取り扱い)は、上記サイトをご覧ください。
本書の一部あるいは全部を無断で複写・複製(コピー、スキャン、デジタル化等)・転載することは、法律で認められた場合を除き、禁じられています。また、購入者以外の第三者による本書のいかなる電子複製も一切認められておりません。